D1653646

Kochen ein Vergnügen *mit modernen Elektroherden*

Bearbeitet von
Martha Schmidt und Hans Pauleit

KOCHBUCHVERLAG HEIMERAN MÜNCHEN

3. veränderte und erweiterte Auflage 1979
Lizenzausgabe des Kochbuchverlag
Heimeran KG, München.
Archiv 588 ISBN 3 8063 1121 8
© 1972 by Siemens Aktiengesellschaft,
Berlin, München
Alle Rechte vorbehalten einschließlich die
der fotomechanischen Wiedergabe.

Inhalt

Keine Angst vor der Technik 7
Abdeckplatte 7
Backwagen 7
Backofentür 7
Back- und Brattabelle 7/18/19
Bratautomatik 8/9
Drehkorb 10
Drehkorbträger 11
Gerätesteckdose 11
Geschirrwagen 11
Grillsteckdose 12
Großflächengrill 12
Heißluft-Backofen 12
Katalyse (Selbstreinigung) 14
Kochplatten 14
Automatik-Kochplatten 15
Kurzzeitwecker 15
Leuchtpult 15
Mikrowelle 15
Pyrolyse (Selbstreinigung) 15
Sichtfenster 16
Spritzschutzpfanne 16
Wenderost 16
Zeitschaltautomatik 17
Zubehörablage 17

Richtig zubereitet – gut ernährt ... 20
Der Nährstoffbedarf des Menschen 20
6 Regeln für Leib und Magen 21
Nährstoff- und Kalorienfahrplan 22
Grundmengen je Kopf und Mahlzeit 24
Blick ins Küchenlexikon 24
Mengenangaben 25
Kleine Kräuter- und Gewürzkunde 26

Das Kochen beginnt bei der Vorbereitung 30
Alles über den elektrischen Quirl 30

Kleine Liebe zu guten Suppen 32
Suppen-Einmaleins 32
Klare Suppen 34
Legierte, gebundene Suppen 37

Gerichte aus einem Topf 39

Soßen mit Pfiff 41
Warme Soßen, helle Soßen 41
Dunkle Soßen 42

Keine Mahlzeit ohne Gemüse 43
Ratschläge für das Vor- und Zubereiten .. 44
Gemüse-ABC 44/45
Gemüse, gekocht 47
Gemüse, gedünstet 48
Gemüse in Soße 49
Kohlgerichte 50

Reis – mal so, mal so 51
Die einzelnen Reissorten 51
Reis – körnig zubereitet 52
Salzige Reisgerichte 52
Süße Reisgerichte 53

Vielseitige Teigwaren 54

Der Kartoffelsegen 56
Hinweise für die Zubereitung 56

Klöße haben viele Freunde 58
Ratschläge für die Zubereitung .. 58
Klöße aus Kartoffeln 59
Klöße aus Mehl und Grieß 60

Aufläufe – mit Phantasie gemischt 61
Aufläufe, salzig 61
Aufläufe, süß 62

Fleischgerichte – saftig, aromatisch 63
Sachgemäß zubreitet, richtig gegart 63
Gekochtes Fleisch 64
Geschmorte Braten 65
Fleischtabelle 66
Für den Back- und Bratofen 68
Schmorgerichte auf der Platte ... 69
Für die Bratautomatik 70
Pfannengerichte 82
Innereien 84

Geflügelte Gerichte 85
Was man vom Geflügel wissen sollte 85

Aus Fluß und Meer 87
So wird vor- und zubereitet 88
Fische, gekocht und gedünstet 89
Fische, im Fett gebraten und gebacken ... 91

Vom Grillen und Überbacken 92
Grundregeln und Zubereitungsarten
für Steaks 92
Wie wird gegrillt? 93
Fleisch 94
Innereien 96
Toastscheiben 97
Drehkorb 98
Geflügel 99

Omeletts, Puddings und andere süße Sachen 100
Flammeris 101
Warme Süßspeisen 102

Selbstgebackenes schmeckt immer! 103
Was Sie vom Backen wissen sollten 103
Biskuitteige 107
Rührteige 109
Mürbeteige 112
Hefeteige 114
Brandteig 117
Quark-Ölteig 119
Quark-Blätterteig 119
Füllungen für Torten und Rollen 120
Eiweißgebäck 121
Weihnachtsgebäck 122
Weihnachtsstollen und Honigkuchen 123

Spezialitäten von draußen 124
Österreich 125
Schweiz 125
Frankreich, Italien, Dänemark 126
Norwegen, Finnland, Schweden 127
Frankreich, England, China 128
Jugoslawien 129
Ungarn, Rußland 129
Italien 130
Portugal, Ägypten 130

Richtig ernährt bei schneller Küche 131

Mikrowellen – Die neue Art zu kochen 135
Allgemeine Hinweise für das Arbeiten
im Mikrowellenherd 135

Sterilisieren 141

Rezeptverzeichnis 142
Bitte beachten Sie:

Die angegebenen Mengen im Rezeptteil sind jeweils – wenn nicht anders vermerkt – für vier Personen berechnet.

Keine Angst vor der Technik

Ihr Siemens-Meisterkoch ist ein Spitzenprodukt der modernen Elektroherdtechnik. Sie erwarten von ihm: leichte Bedienung, Übersichtlichkeit, einfache Pflege, Sicherheit – und vor allem ein gutes Gelingen aller Gerichte. Aus der Bedienungsanleitung haben Sie die wichtigsten Handgriffe und Einstellungen an den Schaltern, Drucktasten und Uhren kennengelernt. Sie wissen, wie Sie mit dem reichhaltigen Zubehör hantieren können und welches Sonderzubehör zur Komplettierung Ihres Herdes zur Verfügung steht.
Dieses Kapitel soll Ihnen noch etwas mehr über die moderne Meisterkoch-Herdtechnik sagen – in Form eines kleinen Lexikons.

Abdeckplatte

Heute nur noch bei Standherden üblich, vielfach als Sonderzubehör, mit Steckscharnieren leicht nachzurüsten oder zum Reinigen der Herdmulde abzunehmen. Bremsscharniere verhindern das unbeabsichtigte Herabfallen. Ein kleiner Tip: zum Verstecken der gerade nicht benutzten Kochplatten von Einbaukochmulden gibt es Deckel aus farbig emailliertem oder Edelstahl.

Backwagen

Die bequeme Art, den Backofen zu bedienen ohne sich zu bücken. Auf kugelgelagerten Teleskopschienen gleitet der Backwagen wie eine Schublade leicht aus dem heißen Backofen. Gebäck, Braten, Grillgut kommen Ihnen entgegen. Von oben ist das Einfetten zum Beispiel eines Hähnchens, das Wenden von Grilladen, das Übergießen von Braten oder das Begutachten des Garzustandes besonders einfach. Das Einsetzen der Zubehörteile, wie Backblech, Bratpfanne, Zubehörträger für Formen, Wenderost und das Herausnehmen kann von vorn, rechts oder links erfolgen. Zum Reinigen der glatten Backofenwände läßt sich der gesamte Backwagen mühelos aushängen. Der Tip: noch einfacher wird die Reinigung, wenn Sie Ihren Backofen mit dem Set für katalytische Reinigung nachrüsten. Alle Breitraum-Backöfen sind für das Einschieben der spezialemaillierten Bleche vorbereitet.

Backofentür – abnehmbar

Auch die Drehtüren sind zum leichten Reinigen des Backofens abnehmbar. Ein kleiner Handgriff, das neuartige Scharnier ist verriegelt, die Tür läßt sich schräg nach oben herausziehen und ebenso bequem wieder einsetzen.

Backtabelle

Im temperaturgeregelten Backofen können Sie braten, dünsten, sterilisieren, grillen und ganze Menüs auf einmal zubereiten. Das gute Ergebnis hängt von der Wahl der richtigen Temperatur und der richtigen Einschubhöhe ab.
Im Rezeptteil und in den Backtabellen auf den Seiten 18/19 sind genaue Angaben enthalten. Da nicht immer die Bedienungsanleitung griffbereit ist, sind auf der Backofentür bzw. in der Ablagewanne des Backofens unverlierbare Bildertabellen angebracht, aus denen Sie die erforderlichen Angaben entnehmen können. Bei den Heißluftherden finden Sie anstelle von Temperaturangaben Einstellbereiche mit Symbolen.

Das moderne Kochzentrum: Einbau-Automatikherd mit Backwagen und Grilleinrichtung. Braten, Kuchen und Grillgerichte lassen sich wie mit einer Schublade aus dem heißen Backofen herausziehen.

Bratautomatik

Ein neuer Begriff für ein vollautomatisches Bratverfahren. Eine Reihe von Meisterkochherden besitzt neben dem Backofentemperaturwähler einen zusätzlichen Wählschalter für die „Original-Bratautomatik". Mit nur einer Knebeleinstellung setzen Sie das Programm für das absolut sichere Gelingen des Bratens in Gang. Einzige Arbeit: Fleisch in das Bratgeschirr – gleichgültig ob aus Glas, Stahl oder Gußeisen – legen, würzen, Wasser zugeben, Gefäß mit passendem Deckel verschließen und in den Backofen schieben. Unter den Tiersymbolen – Kalb, Schwein, Rind – wird das Fleischgewicht eingestellt, bei frischem Fleisch auf der roten Skala, bei gefrorenem Fleisch, das sofort ohne Auftauen gebraten werden kann, auf der schwarzen Skala. Für viele andere Fleischsorten, wie Geflügel, Wild, Hammel, Lamm finden Sie auf einer Wählscheibe die dem Gewicht von Frisch- oder Gefrierfleisch entsprechende Merkzahl zwischen 1–27, die ebenfalls mit nur einer Knebeldrehung auf der Skala eingestellt werden kann.

Zunächst wird der Backofen nun auf die Anbrattemperatur von ca. 250° C (im Heißluftbackofen ca. 220° C) aufgeheizt. Abhängig von Fleischart, Gewicht und Zustand wird diese hohe Brattemperatur eine mehr oder weniger lange Zeit aufrecht erhalten. Dann erfolgt das automatische Zurückschalten auf die Nachgartemperatur von ca. 85° C. Durch diese Kombination wird mit Sicherheit ein zarter, saftiger und würziger Braten erzielt. Die Gesamtgarzeit beträgt durchschnittlich 3 Stunden, kann jedoch bei kleineren Mengen unter 1 kg oder, wenn man Fleisch mit etwas festerem Biß bevorzugt, abgekürzt werden. Bei größeren Braten über 2 kg wählt man eine etwas längere Garzeit. Abgeschaltet wird die Bratautomatik von Hand, d.h. das Fleisch bleibt so lange heiß, bis Sie es zum Servieren dem Backofen entnehmen. Das Ein- und Abschalten kann jedoch auch bei längerer Abwesenheit durch die Zeitschaltautomatik besorgt werden. Man wird sie verwenden, wenn bei einem Ausflug oder nach der Berufstätigkeit ein vollautomatisch gegarter Braten serviert werden soll. Zusatzvorteil der Bratautomatik: der Backofen bleibt sauber, da ja im geschlossenen Gefäß gebraten wird.

Einbauherd mit Stabilglasmulde.

Mit der Bratautomatik gelingt jeder Braten automatisch. Eine Einstellung für Fleischart, Gewicht und Zustand (frisch oder gefroren) genügt.

Drehkorb

Die universelle Einrichtung für bequemes Rundumgrillen. Geflügel, Rollbraten, Haxen, große Schaschlikspieße werden zwischen den Spezialfedern des Drehkorbes eingeklemmt. Das bisherige lästige Aufspießen, Zentrieren, Festbinden oder Klammern entfällt. Auch tiefgefrorenes Fleisch kann ohne Auftauen sofort gegrillt werden.

In den praktischen Drehkörben – Aufspießen und Zentrieren entfällt – haben 4 Hähnchen auf einmal Platz.

Drehkorbträger

Leicht an der Backofentür einzuhängen. Er ist so stabil gebaut, daß 2 Universal-Drehkörbe mit z. B. 4 Hähnchen oder 2 Braten mit je 2 kg Gewicht gleichzeitig rundum gegrillt werden können. Einige Herde haben einen eingebauten Elektromotor, der über ein Teleskopgestänge die Drehkörbe antreibt. Für alle übrigen Backwagenherde steht ein Grillset mit eingebautem Motor zur Verfügung.

Gerätesteckdose

Komfort- und Luxusherde, die keinen eingebauten Grillmotor besitzen, haben in der Schalterfront eine Schutzkontakt-Steckdose zum Anschluß des Grillsets, bei Nichtbenutzung ist diese Steckdose mit einem Magnethaftdeckel verschlossen.

Geschirrwagen

Bei Stand- und Unterbauherden wird der Raum unter dem Bratofen durch eine praktische Geschirrschublade genutzt. Sie ist sehr stabil und besitzt eine hohe Tragkraft für Töpfe, Pfannen und Zubehör. Bei einigen Herdmodellen ist sie von unten beheizt und dient als Wärmeraum für Geschirr und Speisen.

Grillen ist heute besonders beliebt. Mit dem Großflächengrill wird die gesamte Backwagenfläche ausgenutzt. Der Heizkörper läßt sich leicht in die Grillsteckdose einstecken.

Grillsteckdose mit Klappdeckel

Die Breitraum-Backöfen der 60 cm– und die im Volumen gleich großen Backöfen der 50 cm-Herde besitzen an der Rückseite eine Steckdose zum Anschluß eines Grillheizkörpers. Viele Komfort- und Luxusmodelle sind bereits serienmäßig mit dem Großflächengrill ausgestattet. Beim Herausziehen des Grills fällt ein Klappdeckel herunter und verschließt die Steckdose automatisch. Dadurch wird die Anwendung von Reinigungssprays problemlos.

Großflächengrill

Der Grillheizkörper ist so groß, daß praktisch die gesamte Backofenfläche bestrahlt wird. Dadurch können 20 Würstchen, 6 Forellen oder 10 Schaschlikspieße auf einmal gegrillt werden. Die Fläche reicht z. B. auch für 12 Toastscheiben. Der klappbare Grillschirm zum Schutz der Schalterknebel vor Heißwerden findet in der Zubehörablage Platz. Durch die hohe Leistung von 2800 Watt für den Breitraumbackofen bzw. 2500 Watt für den 50 cm-Herd und die reflektierende Spritzschutzpfanne werden sehr kurze Grillzeiten erzielt.

Heißluft-Backofen

Wer größere Mengen backen, häufig Gefrierkost auftauen oder fertige Speisen für viele Personen erhitzen will, ist mit einem Heißluftbackofen gut bedient. Das Back- und Bratgut wird ständig von heißer Luft umströmt. Die Wärme

Backen auf bis zu 3 Blechen im Heißluftherd. So läßt sich das Backen noch zeitsparender organisieren.

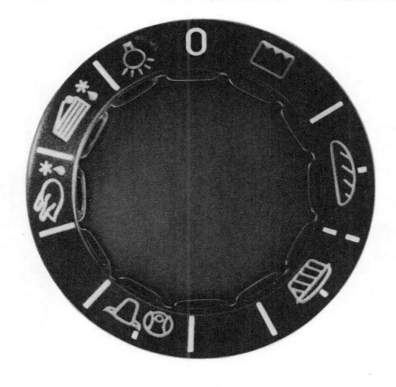

Auftauen, Braten, Backen, Grillen – alles gelingt im Heißluftherd perfekt. Die sinnfälligen Symbole auf dem Backofenknebel erlauben eine besonders einfache Einstellung.

wird je nach Wahl des Garbereiches vom Ringheizkörper abgegeben, der um das Lüfterrad an der Backofenrückwand liegt, bzw. zusätzlich vom Großflächengrill (als Oberhitze mit geringer Leistung oder taktend mit voller Leistung für knusprige Braten) und von der Unterhitze. Auf 2 – 3 Etagen kann gleichzeitig gebacken, aufgetaut oder erwärmt werden. Durch die relativ niedrige Lufttemperatur beim Braten wird die Verschmutzung des Backofens weitgehend vermieden.

Wenn viel auf einmal im Heißluftbackofen aufgetaut oder gebacken werden soll, wird die Intensivtaste gedrückt und die Luftumwälzung beschleunigt.

Katalyse-Set

Alle Breitraum-Backöfen sind vorbereitet zum Einschieben von spezialemaillierten Blechen an den beiden Seitenwänden und an der Rückwand. Die poröse, rauhe Sonderemaillierung saugt alle Fettspritzer löschblattartig auf, vergrößert ihre Oberfläche um ein Vielfaches und ermöglicht, daß bei normalen Backofentemperaturen Luftsauerstoff und Katalysator die Rückstände in Dunst auflösen. Diese Permanent-Reinigung ist eine preiswerte Lösung des Problems „verschmutzter Backofen". Für den Backofenboden ist eine herausziehbare Wanne vorhanden mit einer säurebeständigen Spezialemaillierung, die an der Spüle von abtropfendem Obstsaft oder Bratensoße befreit werden kann.

Kochplatten

Ihr Herd kann ausgestattet sein mit Automatikplatten, Blitzkochplatten oder Normalkochplatten. Auf diesen Platten können Sie alle für die Speisenzubereitung erforderlichen Erwärmungsprozesse, wie Kochen, Dämpfen, Dünsten, Schmoren, Backen, Braten, aber auch Anwärmen, Schmelzen oder Warmhalten durchführen.

Selbstreinigung zum Selbsteinbau. Alle Breitraumbacköfen lassen sich mit den katalytisch spezialemaillierten Blechen ausrüsten.

Die Normalkochplatte ist eine Hochleistungsplatte, die mit einem Siebentaktschalter in 6 Leistungsstufen geschaltet wird. Die abgestufte Heizleistung ist dem Wärmebedarf des Kochgutes für das Ankochen oder Anbraten bzw. das Fortkochen, Fortbraten oder Warmhalten angepaßt.

Blitzkochplatten werden wie Normalkochplatten geschaltet. Sie besitzen jedoch eine höhere Leistung, die besonders schnelle Ankochzeiten ermöglicht. Durch einen Protektor wird eine Überhitzung der Kochplatten im Leerlauf vermieden.

Blitz- und Normalkochplatten können auch mit einem Leistungsregler stufenlos eingestellt werden. Einige Einbauherde sind mit diesen neuen Reglern ausgerüstet. Dadurch ist die wahlweise Kombination der Herde mit Einbaukochmulden oder Glaskeramik-Einbaukochfeldern möglich.

Automatik-Kochplatten

Eine besondere Erleichterung der Kocharbeit bringt die stufenlos temperaturgeregelte Automatikkochplatte. Ihr können Sie ohne jede Aufsicht das Kochgut anvertrauen. Eine Einstellung im Bereich ,,Wärmen (1–4)", ,,Kochen (4–8)" oder ,,Braten (8–12)" genügt zum schnellen Ankochen oder Anbraten mit der vollen Plattenleistung. Bei Erreichen der eingestellten Kochguttemperatur wird automatisch auf eine geringere Leistung umgeschaltet, und zwar durch mehr oder weniger lange Heizpausen. Dadurch wird dem Kochgut nur so viel Wärme zugeführt, wie zur Aufrechterhaltung der Kochguttemperatur erforderlich ist. Der bei Eindicken der Speise oder Verdampfen von Flüssigkeiten verringerte Wärmebedarf wird vom Temperaturfühler in der Plattenmitte gemeldet und vom Regler durch Reduzierung der Leistung berücksichtigt, ebenso natürlich der höhere Wärmebedarf beim Kochen im offenen Topf. Anbrennen ist ebenso ausgeschlossen wie Überkochen. Deshalb können Sie auch bedenkenlos das Ein- und Ausschalten der Automatikplatte einer Zeitschaltuhr überlassen. So kochen Sie vollautomatisch und servieren Ihr Gericht zur vorgewählten Uhrzeit. Erfahrungsgemäß gewinnen Sie am meisten Zeit, wenn Sie Gerichte mit langer Garzeit automatisch kochen.

Kurzzeitwecker

Alle Zeitschaltuhren besitzen auch einen Wekker, der sich bis zu 60 Minuten Laufzeit einstellen läßt. Am Ende der Zeit ertönt ein akustisches Signal, das z. B. an das Ende eines Koch-, Back- oder Grillvorganges erinnert. So wird man rechtzeitig zum Herd zurückgerufen.

Leuchtpult

Die ideale Anzeige und Kontrolleinrichtung für den Betriebszustand. Durch die breitflächige Beleuchtung der gesamten Schalterfront wird unübersehbar angezeigt, daß eine Kochplatte, der Backofen, der Grill oder der Wärmeraum eingeschaltet sind. Das Leuchtpult erlischt erst dann, wenn alles wieder ausgeschaltet ist. Die Schaltwalzen aus transparentem Kunststoff werden durchleuchtet, und so können Sie die besonders großen Zahlen und Symbole noch deutlicher erkennen.

Mikrowelle

Im Mikrowellenherd, der notwendigen Ergänzung des modernen Elektroherdes, wird durch elektromagnetische Wellen (ähnlich wie Radiowellen) unmittelbar in der Speise die Wärme erzeugt. Dadurch werden extrem kurze Wärme-, Auftau- und Garzeiten erzielt. Wiedererwärmtes schmeckt wie frisch gekocht. Vitamine und Nährstoff werden geschont. Die Speisen schmecken besonders pikant. Sie können direkt im Serviergeschirr kochen, das Gerät bleibt kühl, es entstehen kaum Küchengerüche. Besonders Haushalte mit unterschiedlichen Essenszeiten für die einzelnen Familienmitglieder profitieren von dieser neuen Art zu kochen. Mehr lesen Sie auf den Seiten 134–140.

Pyrolyse

Vollautomatische Selbstreinigung des Backofens durch Verschwelen und Veraschen aller Back- und Bratrückstände bei hohen Temperaturen. Alle Wände, Boden und Türinnenseite werden wieder strahlend sauber. Während des Reinigungsprozesses, der über die Zeitschaltuhr (Dauer ca. 3 Stunden) auch mit dem preisgünstigen Nachtstrom durchgeführt werden kann, ist der Backwagen elektromotorisch dicht verriegelt. Auch der Wrasenaustritt wird verschlossen, so daß kein Verbrennungsdunst nach außen dringen kann. Der eingeschaltete Großflächengrill wirkt als Geruchsvernichter.

Sichtfenster

in der Backofentür und Innenbeleuchtung des Backraumes ermöglichen eine Kontrolle des Back- und Bratvorganges von außen. Im Vorbeigehen sehen Sie, wie Gebäck oder Braten gelingen.

Spritzschutzpfanne

Beim Grillen tropfen Fett und Saft ab. Sie sammeln sich in der Bratpfanne. Die neuartige Spritzschutzpfanne aus reflektierendem Alu-Blech, auf die Bratpfanne gelegt, verhindert das Festbrennen und Zurückspritzen der Flüssigkeit in den Backofen. Dieser bleibt spürbar sauberer.
Auch die Bratpfanne läßt sich wesentlich leichter reinigen. Die Strahlung des Grillheizkörpers wird durch die Reflektion besser ausgenutzt und ergibt günstigere Zeiten.

Wenderost

Das nützliche Grillzubehör für das gleichzeitige Wenden von vielen flachen Grilladen. Zwi-

Vollautomatische Selbstreinigung durch Pyrolyse. Links: so sieht der Backofen nach häufigem Braten und Grillen aus. Rechts: alle Wände werden vollautomatisch durch hohe Temperatur wieder sauber gebrannt.

Die moderne Elektroküche von heute. Alle modernen Elektrogeräte sind arbeits- und zeitsparend eingebaut.

Farbtafel Rückseite:
Doppelter Grillkomfort im Meisterkoch. Zwei Drehkörbe und der Wenderost sorgen für volle Ausnutzung des Großflächengrills. Mit dem Backwagen läßt sich alles bequem herausziehen.

schen dem Grillrost und dem Federrost werden auch unterschiedliche dicke Fleischstücke sicher festgehalten.

Zeitschaltautomatik

Die elektrische Küchenuhr – mit großflächiger Digitalanzeige oder Zifferblatt – besitzt eine Zeitschaltautomatik, mit der die große Automatikplatte und der temperaturgeregelte Backofen zu einer vorwählbaren Zeit ein- und ausgeschaltet werden können. So können Sie vollautomatisch kochen, backen, braten, grillen, ohne dabei zu sein. Wie arbeitet diese Zeitschaltautomatik? Bevor Sie das Haus verlassen oder mit Ihrer Hausarbeit beginnen, setzen Sie das Kochgut auf die Automatikplatte oder in den Backofen. Nun stellen Sie das Ende der Garzeit, also den Zeitpunkt, zu dem Sie das Gericht servieren wollen, ein. Mit einem weiteren Handgriff wird die gewünschte Kochzeit vorgegeben. Genaue Angaben sind der Betriebsanleitung des Herdes zu entnehmen, da je nach Herdmodell unterschiedliche Uhren Verwendung finden.

Winke für das Arbeiten mit der Zeitschaltautomatik: Auf der Automatikplatte wählen Sie am zweckmäßigsten Gerichte, die in einem Zubereitungsgeschirr eine fertige Mahlzeit ergeben. Sie finden solche Rezepte im Kapitel „Gerichte aus einem Topf" auf Seite 39/40.

Schmorgerichte kurz anschmoren, damit sich Röststoffe bilden und erst für das langzeitige Fertiggaren die Zeitschaltuhr anwenden.

Im Backofen: Auflaufgerichte sind dafür sehr beliebt. Bereiten Sie solche Gerichte nur mit ganzen Eiern zu, da Eischnee durch längeres Stehen wieder flüssig wird. Rezepte siehe Seite 61/62.

Beim Backen: Die Zeitschaltautomatik nur verwenden, wenn Kuchen in Formen, z. B.

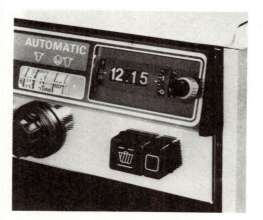

Die Tagesuhr mit Zifferblatt oder großer Digitalanzeige gibt die genaue Zeit an. Mit der Zeitschaltautomatik lassen sich Kochdauer und Kochende für den Backofen oder die Automatikplatte im voraus bestimmen.

Napf- oder Kastenkuchen hergestellt werden und die Backzeiten bekannt sind. Kuchen warm aus der Form lösen.

Beim Braten können Sie die Zeitschaltautomatik für alle Braten anwenden, die vollkommen durch sein sollen, besonders gut gelingen natürlich die Braten mit der Bratautomatik, die auch durch die Zeitschaltautomatik in Gang gesetzt und beendet werden können.

Zum Garen von vollständigen Mahlzeiten im Backofen verwendet man normale Töpfe, Schüsseln, Teller oder Platten, die größenmäßig gut aufeinander passen. Den Rost mit der Kröpfung nach unten auf den Boden des Backofens einschieben und darauf das Geschirr mit dem Kochgut anordnen. Beim Backwagen verwenden Sie die unterste Stufe für den Zubehörträger. Alle Gerichte, die bräunen sollen, ohne Deckel zu oberst setzen (z. B. im unteren Geschirr Kartoffeln, Gemüse, Eintopfgerichte), darauf gut passend Platten oder Schüsseln mit Fleisch- oder Auflaufgerichten ohne Deckel.

Zubehörablage

Beim Backwagen ist zwischen den Führungsschienen eine zusätzliche Ablagewanne für Kombirost, Backblech und Bratpfanne, Spritzschutzpfanne und zugeklappten Grillschirm angebracht. Eine praktische Einrichtung, da Platz für diese Zubehörteile in der Küche immer fehlt.

So einfach backen, braten, grillen und sterilisieren Sie

		* Einschubhöhe bzw. Einhängehöhe für Zubehörträger	* Normal-Backofen Temperaturwähler	Heißluft-Backofen Backofenwähler
	Pfanne, Backblech Pfanne mit Rost Zubehörträger			
Wenn Sie backen	Baiser Makronen	mitte mitte	100–120 130–150	
	Kuchen in Formen	unten	170–190 (bei dunklen Formen niedrige Temperaturen)	
	Stollen, Zöpfe, Kränze, Rollen Kleingebäck, Plätzchen	unten oder mitte	180–220	
	Flachkuchen, Biskuitplatten Obstkuchen, Windbeutel	mitte unten oder mitte	200–225	
	Aufläufe, Brot	unten oder mitte	180–250	
Wenn Sie braten	Schwein, Kalb, Rind, Hammel	unten	180–220 (große Braten niedrige Temperaturen)	
	Roastbeef, Kleingeflügel Lamm, Hacksteaks	unten oder mitte	220–250 (große Braten niedrige Temperaturen)	
	Braten im geschlossenen Gefäß	mitte	220–250	

* genaue Angaben der jeweiligen Gebrauchsanleitung beachten.

		Pfanne, Backblech Pfanne mit Rost Zubehörträger	*Einschubhöhe bzw. Einhängehöhe für Zubehörträger	*Normal-Backofen Temperaturwähler	Heißluft-Backofen Backofenwähler
		Großgeflügel	unten	180–220	
		Wild	unten bis mitte	220–250	
		Fisch gebraten	mitte	200–220	
oder dünsten		Fisch gedünstet oder blau (im geschlossenen Gefäß)	unten	180–200	
Wenn Sie grillen		flache Grilladen	oben		
		Rollbraten, Schaschlik	mitte im Drehkorb		
		Geflügel	mitte im Drehkorb		
Wenn Sie sterilisieren		Obst, Gemüse usw.	unten mit Pfanne + ½ l heißes Wasser	180 – Hinweise über Sterilisieren auf Seite 141 beachten.	

Richtig zubereitet – gut ernährt

Gesundheit, Lebensfreude und Leistungsfähigkeit sind auch von richtiger Ernährung abhängig. Nicht immer treten Ernährungsschäden allein als Folge von Nahrungsmangel auf, oft kann zu üppige oder falsch zusammengesetzte, der Lebensweise nicht entsprechende Nahrung die Ursache dafür sein. Heute wird mit Hilfe der Technik die körperliche Schwerarbeit des Menschen mehr und mehr von Maschinen übernommen. Die Arbeit verlangt statt dessen mehr geistige Konzentration und bringt eine stärkere nervliche Belastung. Wesentliche Teile der Ernährung müssen an die Anforderungen des modernen Lebens angepaßt werden. Die Verlagerung von der körperlichen zur vorwiegend sitzenden und nervlichen Beanspruchung bedingt eine geringere Kalorienzufuhr als früher, dafür aber mehr Beachtung der hochwertigen Eiweißträger, Vitamine und Mineralstoffe.

Der Nährstoffbedarf des Menschen

Geringere *Kalorienzufuhr* heißt Zurückhaltung im Genuß von Fett, Zucker, Süßwaren, Teigwaren, Kartoffeln u. a. Stärkeerzeugnissen. Die erwünschte, tägliche Kalorienzufuhr beträgt für Frauen mittleren Alters rund 2400 kcal, oft noch weniger, für Männer mittleren Alters mit sitzender oder leichter körperlicher Arbeit rund 2600 kcal. Mit zunehmendem Lebensalter geht der Kalorienbedarf zurück, der Bedarf an wichtigen Nährstoffen, wie Eiweiß, Vitaminen und Mineralstoffen aber nicht. Übersteigt die Kalorienzufuhr den Bedarf, sind Übergewicht und damit eine stärkere Neigung zu Herz- und Gefäßkrankheiten, zu Zuckerkrankheit, Galle-Leber-Erkrankungen und Nachlassen der allgemeinen Leistungsfähigkeit nicht zu vermeiden. Da *Fette* einen hohen Kalorienwert (1 g Fett = 9,3 kcal) haben, muß auf sie besonders geachtet werden. Fette Soßen und fettgetränkte Pfannengerichte werden am besten nicht so oft gereicht. Wer sie dennoch genießt, muß dies durch eine fettarme Mahlzeit oder durch kleinere Mengen an Streichfett wieder ausgleichen. Bei einer täglichen Gesamtfettmenge von 75 g verbleiben nur 35 g als Streichfett (Butter oder Margarine), wenn 40 g als »verstecktes Fett« angenommen werden. Verstecktes Fett ist einmal in den eingekauften Nahrungsmitteln enthalten – selbst »trockenes« Brot enthält etwas Fett –, zum anderen ist es für die Zubereitung der Speisen verwendet worden. Man bevorzuge schon beim Einkauf fettarme Nahrungsmittel. Die fettsparendsten Zubereitungsarten sind Dämpfen, Dünsten und Grillen. Die Versorgung mit *Vitaminen* und *Mineralstoffen* darf innerhalb der im Kaloriengehalt verringerten Nahrung nicht vernachlässigt werden. Gemüse, Salate, Obst und Säfte, roh oder gegart, sind wertvolle Vitamin- und Mineralstoffspender. Durch Wasser, Luft, Hitze und Licht kann der Nährwert aber vermindert werden. Viele Mineralstoffe (Eisen, Phosphor, Kalium usw.) und Vitamine lösen sich leicht in Wasser und werden entfernt, wenn Nahrungsmittel lange im Wasser liegen oder zuviel Kochwasser verwendet wird. Der Gehalt an Vitamin C nimmt an der Luft besonders schnell ab, deshalb dürfen Früchte und Gemüse, die vor allem Vitamin C enthalten, nicht lange und stark zerkleinert stehen gelassen werden. Sie sind möglichst schnell und frisch zu verzehren. Gegen Hitzeeinwirkung sind Vitamin C und von den Vitaminen der B-Gruppe besonders B_1 empfindlich. Unnötig langes Garen, zu hohe Gartemperaturen oder zu langes Warmhalten zerstören viele Vitamine. Mangel an Vitamin B_1

verursacht Störungen des Nervensystems und schlechtes Allgemeinbefinden. Vitamin-B$_2$-Mangel führt zu rascher Ermüdung, zu Haut- und Augenentzündungen. Lichtempfindlich sind die Vitamine A und B$_2$. Aufbewahren in dunklen Räumen, gutes Zudecken während der Verarbeitung sind Schutzmaßnahmen zur Erhaltung. Mangel an Vitamin A und seiner Vorstufe Karotin sind u. U. Ursache für Nachtblindheit, Blendungsempfindlichkeit und Hauterkrankungen.

Um trotz aller störenden Einflüsse eine genügende Vitaminzufuhr zu gewährleisten, ist die gemischte Kost aus rohen und gegarten Gerichten zu empfehlen. Frischkost als Rohsalat, Obst oder Obstspeisen oder auch als Mixgetränk enthält selbst die hitzeempfindlichen Vitamine in ausreichender Menge, daneben aber auch *Ballaststoffe* (Zellulose, Pektin) zur Verdauungsförderung. Werden gegarte Gemüse schonend zubereitet (Dämpfen, Dünsten) bleibt viel an Vitaminen und Mineralstoffen erhalten.

Durch die Tiefkühlkost ist die Versorgung mit Frischware sehr erleichtert worden. Frische Erzeugnisse aus Landwirtschaft und Gartenbau können in ausgezeichneter Qualität zum Verbraucher gelangen. Das Tiefkühlverfahren liefert nicht nur eine hochwertige, nährstoffreiche Konserve, sondern bringt noch weitere Vorteile. Solche Vorzüge sind z. B. die besonders gute Verdaulichkeit von Eiweiß, die Freisetzung von Vitaminen und Mineralstoffen aus sonst schlechter ausnutzbaren Verbindungen oder die Bildung von geschmacksverbessernden Substanzen. Es können sich aber auch qualitätsmindernde Vorgänge zeigen, wenn das Tiefkühlgut nicht richtig behandelt wird. Das geschieht, wenn die Lagertemperaturen von mindestens −18 °C nicht lückenlos eingehalten werden. Fehler bei der Vorbereitung und Verpackung bringen geschmackliche Einbuße, Nährwertzerstörung und Befall mit Mikroorganismen.

6 Regeln für Leib und Magen

1. Essen Sie mäßig, aber regelmäßig! Nehmen Sie die Mahlzeiten in Ruhe ein; bedenken Sie: »Gut gekaut ist halb verdaut.«

2. Bei der Verteilung der täglichen Nahrungsmenge beherzigen Sie bitte den Grundsatz: Das Frühstück soll ein guter Auftakt für den Tag sein, die letzte Mahlzeit einige Stunden vor dem Schlafengehen eingenommen werden.

3. Bringen Sie täglich Obst und Gemüse auf den Tisch und essen Sie einiges davon als Frischkost (rohes Obst, rohe Salate, rohe Säfte!), dann sind Sie ausreichend mit wichtigen Vitaminen, Mineralstoffen und den für die Verdauung wichtigen Ballaststoffen versorgt. – Ihre Zähne sollen etwas zum Kauen haben, um gesund zu bleiben.

4. Halten Sie die Kost so vielseitig und abwechslungsreich wie möglich, damit der Körper alle erforderlichen Nährstoffe erhält.

5. Dunkles Brot und Vollkornerzeugnisse (wie Vollkornhaferflocken und Vollkornbrot) haben viele Vorzüge.

6. Bedenken Sie bei der Zusammenstellung des Küchenzettels, daß viele Berufstätige im Abendessen, Kinder und alte Leute dagegen in Zwischenmahlzeiten eine Ergänzung zu ihren übrigen Mahlzeiten finden müssen.

Abgerundet und vollwertig ist die Tageskost dann, wenn genügend *Eiweißträger* in Form von Milch, Fisch, Fleisch und Eiern sowie Geflügel angeboten werden. Je Tag und Person werden 1 g Eiweiß je kg Körpergewicht als wünschenswert angesehen, das sind 60 bis 75 g am Tag. Die Hälfte dieser Menge wird aus pflanzlichen Eiweißträgern unserer Grundnahrung, also aus Kartoffeln und Getreideerzeugnissen gedeckt, den Rest, etwa 30 bis 35 g, liefern die tierischen Nahrungsmittel.

Nährstoff- und Kalorienfahrplan

Nahrungsmittel Umrechnungswert Kalorien zu Joule: 1 kcal = 4,2 kj	Eiweiß g	Fett g	Kohlen- hydrate g	Kalorien kcal	Mineralstoffe				Vitamine				
					Natrium mg	Calcium mg	Phos- phor mg	Eisen mg	A µg	B₁ mg	B₂ mg	Niacin mg	C mg
Äpfel	0,3	+	11	48	2	7	10	0,3	30	0,3	0,03	0,1	11*
Aprikosen	0,8	–	12	50	1	13	20	0,6	540	0,05	0,05	0,5	7
Bananen	0,8	+	14	61	1	7	20	0,4	90	0,03	0,03	0,5	8
Birnen	0,5	+	13	55	2	16	20	0,3	50	0,05	0,03	0,2	5
Blumenkohl	2	+	2	17	10	13	35	0,4	11	0,05	0,05	0,4	43
Bohnen, weiße	21	2	57	349	2	105	425	6,0	200	0,45	0,15	2,0	3
Brot (Weizenvollkorn-)	8	1	47	241	–	95	265	2,0	–	0,25	0,15	3,3	+
Butter	1	81	1	755	6	16	20	0,2	450**	0,01	0,02	–	–
Fette und Öle	+	100	+	927	1	–	–	–	(120)	–	–	–	–
Ei (St. etwa 57 g)	7	6	+	84	72	28	110	1,0	225	0,05	0,15	0,05	+
Fisch (Rot-, Goldbarsch)	19	3	+	112	94	46	210	4,3	–	0,10	0,10	2,5	3
Honig (Bienen-) im Durchschn.	+	–	81	305	7	5	20	1,3	+	+	0,05	0,1	2
Käse, vollfett	32	30	2	415	–	950	865	1,0	420	0,05	0,25	0,1	–
Käse, mager	37	3	4	192	–	1200	400	1,0	30	0,05	0,05	+	1
Kalbfleisch, mittelfett	16	8	–	140	85	10	170	1,8	–	0,10	0,20	5,0	–
Kartoffeln (ohne Schalen)	2	+	19	85	19	13	60	0,9	15	0,10	0,05	1,0	15
Kohlrabi	1	+	3	18	7	51	35	0,6	92	0,05	0,03	1,2	36
Kohl (Weiß-)	1	+	3	19	10	36	20	0,4	17	0,05	0,03	0,3	36

* Schwankungen von Sorte zu Sorte   ** Wert für Dezember bis April

Nährstoff- und Kalorienfahrplan

Der genießbare Teil von 100 g eingekaufter Ware enthält:

Umrechnungswert Kalorien zu Joule: 1 kcal = 4,2 kj

Nahrungsmittel	Eiweiß g	Fett g	Kohlenhydrate g	Kalorien kcal	Natrium mg	Calcium mg	Phosphor mg	Eisen mg	A µg	B$_1$ mg	B$_2$ mg	Niacin mg	C mg
Marmelade i. D.	1	–	65	274	–	12	10	0,5	3	+	+	+	6
Mehl (Weizen-) Typ 1050	12	2	71	370	2	14	230	2,8	+	0,45	–	–	–
Möhren	1	+	6	29	37	29	25	0,6	3350	0,05	0,05	1,0	5
Nüsse (Wal-) ohne Schalen	15	63	14	705	4	72	430	2,1	25	0,35	0,10	1,0	15
Orangen	0,7	1	7	39	2	32	15	0,4	50	0,05	0,05	0,2	37
Paprikaschoten, grün	1	+	4	22	1	9	20	0,6	230	0,05	0,05	0,3	107
Reis (Voll-)	7	2	75	371	10	23	325	2,6	(+)	0,40	0,10	5,0	+
Rindfleisch, mager	15	11	–	173	45	9	140	2,1	–	0,05	0,15	4,0	–
Sahne (Kaffee-)	3	10	4	127	–	110	80	0,1	150	0,05	0,15	0,1	–
Salat (Kopf-)	1	+	1	10	–	15	25	0,4	315	0,05	0,05	0,3	7
Schokolade (Vollmilch-)	9	33	55	563	58	214	240	3,1	40	0,10	0,40	0,5	+
Schweinefleisch, mittelfett	18	21	–	269	–	8	150	2,0	–	0,70	0,15	3,5	–
Speck, fett	2	90	–	844	–	13	110	1,0	–	0,40	0,10	2,0	+
Tomaten	1	+	3	18	6	13	25	0,5	390	0,05	0,03	0,5	23
Vollmilch (Kuh-)	3	4	5	68	47	128	85	0,1	25**	0,05	0,20	0,1	1,5
Weintrauben	0,7	–	16	70	–	21	25	0,5	15	0,05	0,03	0,2	4
Zitronen	0,5	3	5	18	2	7	10	0,3	5	0,03	0,01	0,1	34
Zucker	–	–	100	394	+	1	+	0,3	–	–	–	–	–

+ = Nährstoff ist nur in Spuren enthalten   – = es liegen keine genauen Analysen vor   ( ) = Analysenwerte sind unsicher

Grundmengen je Kopf und Mahlzeit

	für 1 Person	für 4 Personen
Suppe als Vorspeise	1/8 bis 1/4 l	1 l
Suppe als Hauptgericht	1/4 bis 1/2 l	2 l
Soße, süß	etwa 1/8 l	1/2 l
Bratensoße	etwa 1/16 l	1/4 l
Soßengerichte	1/8 bis 1/4 l	3/4 l
Fleisch mit Knochen	etwa 150 g	600 g
Fleisch ohne Knochen	etwa 100 g	400 g
Fisch mit Gräten	etwa 200 g	800 g
Fischfilet	etwa 150 g	600 g
Gemüse	etwa 250 g	1000 g
Grieß für Suppen		60 g auf 1 l
Grieß für Brei		120 g auf 1 l
Hülsenfrüchte	etwa 80 bis 100 g	300 bis 350 g
Kartoffeln als Beigabe	etwa 250 g	1000 g
Kartoffeln als Hauptgericht	etwa 400 g	1500 g
Süßspeise	etwa 1/8 l	1/2 l
Tafelobst	etwa 125 g	600 g
Reis als Beigabe	etwa 50 bis 75 g	250 bis 300 g
Milchreis	etwa 65 g	250 g
Teigwaren als Suppeneinlage	etwa 15 g	60 g
Teigwaren als Beigabe	etwa 50 g	200 g
Teigwaren als Hauptgericht	etwa 80 g	320 g

Die hier angegebenen Mengen sind Durchschnittswerte

Blick ins Küchenlexikon

abbrennen
Masse im Topf unter Rühren erhitzen, bis sie sich vom Topf als Kloß löst

ablöschen
Schwitze unter Schlagen mit Flüssigkeit aufgießen

absengen
Fertig gerupftem Geflügel über offener Flamme die feinen Flaumfedern abbrennen

abwellen
Siehe blanchieren

anbraten
Fleischstücke bei starker Hitze in heißem Fett allseitig bräunen

ausbacken
Gerichte in heißem Fett oder schwimmend in Fett garen

backen
Garen in »trockener« Heißluft des Backofens bei gleichbleibender Temperatur (je nach Gargut 150 bis 250 °C)

beizen
Einlegen von Wild, Geflügel, Fleisch in Beizen aus Essig, Wein oder Buttermilch unter Zugabe von Salz, Zwiebeln, Lorbeerblättern, Nelken, Gewürzkörnern, Pfefferkörnern und Zitronenschale

blanchieren
in Dampf, Fettbad oder Wasser. Kurzfristiges Erhitzen roher Nahrungsmittel im Siebeinsatz in Wasserdampf, im Fettbad oder in kochender Flüssigkeit (etwa fünf Minuten), anschließend abschrecken

braten
Garen mit wenig Fett im offenen Gefäß (150 bis 200 °C) oder im Backofen (200 bis 250 °C)

dämpfen
Garen in wenig Wasser oder im Siebeinsatz in Wasserdampf in gut verschlossenem Zubereitungsgeschirr

dampfentsaften
Längeres Erhitzen von Obst oder Gemüse im Siebkorb in Wasserdampf, wobei der Saft abläuft

dressieren
Küchenfertige Produkte mit Hilfe von Nadeln, Faden in eine bestimmte Form bringen

Mengenangaben nach Löffel- und Tassenmaßen

	1 Eßlöffel gehäuft etwa	1 Eßlöffel gestrichen etwa	1 Teelöffel gestrichen etwa	1 Tasse etwa	Einkochmenge für 1 l Suppe Mittelwert
Mehl	20 g	10 g	3 g		
Speisestärke	20 g	10 g	3 g		
Semmelbrösel	20 g	10 g	3 g		
Zucker	30 g	15 g	—	200 g	
Grieß	30 g	15 g	—	200 g	60 g
Graupen	30 g	15 g	—	200 g	70 g
Reis*	25 g	—	—	200 g	70 g
Backpulver, Tüte enthält 18 g	—	—	3 g	—	
Salz	20 g	10 g	5 g	—	
Käse, gerieben	—	10 g			
⅛ l Flüssigkeit		8 Eßlöffel		1 Tasse	
¼ l Flüssigkeit**		16 Eßlöffel		2 Tassen	
Mehl-Fett-Kloß	= 20 g Fett und 20 g Mehl				
	= Menge zur Bindung von etwa 1 kg Gemüse, 1 l Suppe, ½ l Soße usw.				

* Das Verhältnis von Reis zu Flüssigkeit ist 1:2; das heißt: für 1 Tasse Reis 2 Tassen Flüssigkeit
** Etwa ein Suppenteller

Die hier angegebenen Mengen sind Durchschnittswerte

Kleine Kräuter- und Gewürzkunde

	Anwendungsmöglichkeiten	Besondere Eigenschaften
Anis	Für süße Speisen, Getränke, Backwaren.	Wirkt gegen Blähungen.
Basilikum	Für Fleisch, Suppen, Soßen, Salate.	Intensive Würzkraft.
Beifuß	Für Beizen, Wild- und Sauerbraten.	Neutralisiert fette Speisen, Braten.
Bohnenkraut oder Pfefferkraut	Für Hülsenfrüchte, alle Kohlarten, zum Einlegen von Essiggurken, zur Wurstbereitung.	Würzige Geschmackszutat, angenehmes Aroma. Nach dem Kochen entfernen.
Borretsch oder Gurkenkraut	Zum Einlegen, für Salate, Soßen, als Bowlenbeigabe, für Joghurtmischungen.	Leicht gurkenähnlicher Geschmack, verdauungsfördernd.
Curry	Für Reisgerichte, Hammelfleisch, Fisch.	Intensiv, scharf.
Dill	Grün für Suppen, Salate, Soßen, Fische, Krebse. Getrocknet zum Einlegen.	Frisches Kraut nicht kochen, appetitanregend.
Estragon	Für Hülsenfrüchte, alle Kohlarten	Sehr aromatisch, appetitanregend.
Gewürznelke	Für Lebkuchen, Backwerk, Glühwein, Marinaden, Blaukraut, Ragouts, Wild- und Hammelbraten.	Enthält ätherische Öle, sparsam verwenden, schmeckt sonst vor.
Ingwer	Für Kürbis- und Birnenkompott, Reis, Schokoladensoßen, Weihnachtsbäckereien.	Magenstärkend, gegen Blähungen und Verdauungsstörungen.
Kapern	Für Ragouts, Soßen, Fleischsalate, Königsberger Klopse, Heringsalat, Kalbszunge.	Geschmacksverfeinernd, mildes Aroma.

druckgaren
Garen im Siebeinsatz im Wasserdampf oder in Flüssigkeit im fest verschlossenen Gefäß (gleichbleibende Temperatur von 100 bis 120 °C)

dünsten
Garen in wenig Flüssigkeit (Wasser, Milch, Brühe), meist unter Zugabe von wenig Fett. Wasser kann zugesetzt sein oder aus dem Gargut stammen (gleichbleibende Temperatur von 100 °C)

Einbrenne
Mehl in heißem Fett lichtgelb oder braun in offenem Zubereitungsgeschirr schmoren

Eischwer
Eier abwiegen, dieselbe Menge Mehl, Zucker und Fett abmessen. Eischwerteige können mit und ohne Fett bereitet werden

entsaften
Trennen des flüssigen vom festen Anteil durch Pressen unter Druck oder nach vorhergehendem Reiben durch Zentrifugieren

evaporieren
Entziehen eines erheblichen Anteils von Wasser durch Erhitzen im offenen Gefäß

farcieren
Füllen bestimmter Lebensmittel (Geflügel, Tomaten usw.), insbesondere mit Fleischmasse

filtrieren
Trennen flüssiger von festen Anteilen durch feinmaschiges Gewebe oder Filterpapier

flambieren
Speise mit hochprozentigem Alkohol übergießen, anzünden und brennend servieren

Flammeri
Eine mit Speisestärke, Grieß oder Sago gekochte, süße Speise, die nach dem Erkalten gestürzt werden kann

Fond
An der Pfanne haftenden Bratenrückstand mit etwas Wasser zur Soße loskochen

frittieren
Garen in reichlich Fett, so daß das Gargut schwimmt. Je nach Gargut liegt die Temperatur zwischen 140 und 200 °C

gefrieren (tief-)
Temperatursenkung in Lebensmitteln auf Temperaturen unterhalb des Gefrierpunktes, meist auf −18 °C oder tiefer −30 °C

Kleine Kräuter- und Gewürzkunde

	Anwendungsmöglichkeiten	Besondere Eigenschaften
Kardamom	Für Honigkuchen, Gewürzlebkuchen.	Sparsam verwenden.
Kerbel	Für Kräutersuppen, Soßen, Salate.	Nicht kochen.
Knoblauch	Für fettes Hammel- oder Schweinefleisch, Tomaten, Spinat, grüne Salate.	Herzhafter, scharfer, zwiebelähnlicher Geschmack. Nur fein zerrieben verwenden!
Kümmel	Für fettes Hammel- oder Schweinefleisch, Würste, Käse, rote Rüben.	Magenstärkend und verdauungsfördernd.
Liebstöckl	Für Suppen, Salate und Soßen.	Reich an Vitamin C.
Lorbeerblätter	Für Beizen, Marinaden, Soßen, Ragouts, Fleischsuppen, Fischsud, Wild, Sauerbraten.	Intensives Aroma. Sparsam verwenden.
Majoran	Für Wurst, Schweine- und Gänsebraten, Leberspeisen, Kartoffelgerichte.	Starke Duftstoffe, geschmacksbestimmend. Grün nicht kochen.
Muskat	Für Gemüse, Suppen, Soßen, Suppeneinlagen, Käsespeisen, Kartoffeln.	Herb-würziges Aroma. Verliert durch Kochen an Geschmack.
Paprika	Für Gulasch, fetten Schweinebraten, Hammel- und Lammgerichte, Gurkensalat.	Gesund, bekömmlich. Rote Farbe mild edelsüß, gelbrote Farbe sehr scharf.
Petersilie	Für Suppen, Salate, Soßen, Gemüse, Fleisch, Fisch. (Grün und getrocknet.)	Vitamin-C-Träger, blutbildend, zart aromatisch, nicht mitkochen.

Kleine Kräuter- und Gewürzkunde

	Anwendungsmöglichkeiten	Besondere Eigenschaften
Pfeffer	Gemahlen für alle Fleisch-, Wild-, Geflügel- und Fischgerichte, nach Belieben für Soßen, Salate, Gemüse. Körner für Beizen, Wild.	Verdauungsfördernde Wirkung. Schwarzer Pfeffer ist schärfer, weißer Pfeffer milder.
Piment	Für Beizen, Wild- und Sauerbraten. Zu Ragouts, Suppen, zu schwedischen Gabelbissen, Wurst, für Weihnachtsgebäck.	Nelkenartiger Geschmack. Nach dem Kochen entfernen!
Salbei	Zu Leber und Hammelfleisch, Fisch, Geflügel, Wildmarinaden. (Frisch und getrocknet.)	Verdauungsfördernd, in der Heilkunde gegen Hals- und Zahnerkrankungen verwendet.
Selleriekraut	Für Suppen, verschiedene Gemüse. (Wurzeln und Kraut.)	Starke Würzkraft, sparsam verwenden. Belebend und reinigend.
Thymian	Für Suppen, Soßen, Salate, Eintöpfe.	Verdauungsfördernd, herb-würzig.
Vanille	Für Süßspeisen, Obst und Gebäck.	Feines, duftendes Aroma.
Wacholderbeeren	Für Beizen, Wild- und Sauerbraten, Soßen, Fisch.	Verdauungsfördernd.
Zimt	Für Mehl-, Süß- und Obstspeisen, Kompott, Glühwein, Backwaren.	Gemahlen und in Stangen.
Zitronenmelisse	Für Salate, Marinaden, Soßen, für eingelegte Bohnen und Gurken.	Duftet und schmeckt zitronenähnlich, stets roh verwenden.

glasieren
Überziehen von Lebensmitteln mit Glasuren, hergestellt aus Zucker oder ungesalzener, stark eingekochter Fleisch-, Fisch- oder Geflügelbrühe

Gewürzdosis
1 Stück Lorbeerblatt, 3 Pfeffer-, 4 Gewürzkörner, 1 Stück Zwiebel, etwas Salz

gratinieren
Durch starke Oberhitze, ggf. mit Grillstab, eine gut gebräunte Oberfläche (Kruste) erzielen

grillen
Garen durch Strahlungshitze am Spieß oder auf dem Rost bei besonders hohen Umgebungstemperaturen. Ggf. mit wenig Fett bestreichen

kochen (sieden)
Garen in viel Flüssigkeit (Gargut ganz oder größtenteils bedeckt). Gleichbleibende Temperatur von 100 °C

automatisch kochen
Garen auf einer Automatikplatte oder im temperaturgeregelten Backofen, u. a. auch durch selbsttätiges Schalten bei Herden mit Zeitschaltautomatik

kneten
Vermengen von Nahrungsmitteln mit wenig Flüssigkeit zu einer einheitlichen festen Masse

legieren
Suppen oder Soßen mit Eigelb und Sahne, ggf. mit etwas Mehl, sämig machen, dazu Eigelb oder Mehl mit etwas kaltem Wasser verquirlen, in die heiße Flüssigkeit einrühren, diese nicht mehr aufkochen

mahlen
Zerkleinern von festem Gut durch aneinanderreibende Kegel oder Walzen

marinieren
Zum Beispiel Fischfilet, Heringe usw. in Marinade einlegen. Marinade: Essig-Zitronen-Saft, Kräuter, Gewürze, ggf. Sahne oder Mayonnaise, Zwiebeln

panieren
Eintauchen von Fleisch, Fisch, Gemüse in Teigmasse oder Mehl, geschlagenes Ei und Semmelbrösel

parfümieren
Abschmecken von Obstsalat und Süßspeisen mit Likör oder anderem aromatischen Alkohol

passieren
Pressen von weichem, meist gegartem Gut durch Siebe oder gelochte Metalleinsätze

pasteurisieren
Erhitzen der Lebensmittel in Flüssigkeit auf Temperaturen von 85 °C

pochieren
Aufgeschlagene Eier in Essigwasser kochen, bis das Weiße gerinnt

pökeln
Einlegen von Fleisch in eine 15–20prozentige Kochsalzlösung oder schichtweises Überstreuen mit Kochsalz

Pudding
Eine warme, im Wasserbad gekochte Speise, die gestürzt wird und süß oder salzig ist. Die Masse kocht in einer gut gefetteten, fest verschlossenen Form

räuchern
Entzug von Wasser durch Wärmeeinwirkung bei gleichzeitigem Eindringen der im Rauch enthaltenen bakteriziden Stoffe

rösten
Bräunen durch starke Hitze auf der Kochplatte oder in heißer Luft im Backofen

schlagen
Einarbeiten von Luft in eiweiß- oder fetthaltige Produkte

schmoren
Garen zunächst in wenig Fett im offenen Gefäß (anbraten), mit wenig kochender Flüssigkeit auffüllen und in geschlossenem Topf garen. Anfangstemperatur etwa 180 °C, dann fallend auf etwa 100 °C

spicken
Mageres Fleisch mit Speckstreifen durchziehen oder mit Speckscheiben belegen

sterilisieren
Haltbarmachen von Lebensmitteln durch Erhitzen auf Temperaturen von über 100 °C (Einkochen zur Dauerlagerung)

tranchieren
Wild, Geflügel und Fleisch mit Messer oder Geflügelschere fachgerecht zerteilen

trocknen
Entfernen eines erheblichen Anteils von Wasser bis zu einem Mindestfeuchtigkeitsgehalt von etwa 10 % durch Wärme

Zwiebel gespickt
Eine Zwiebel mit einem Lorbeerblatt und zwei bis drei Nelken bestecken

Das Kochen
beginnt bei der Vorbereitung

Das Kochen – wie es die Hausfrau nennt – beginnt schon beim Vorbereiten: beim Gemüseputzen, Kartoffelschälen, Zwiebelschneiden, Teigmischen, beim Rühren, Kneten, Schlagen und Mixen. Keine Frau weiß genau, wie viele Handgriffe hierfür erforderlich sind, vom Griff in den Kühlschrank bis zum Aufsetzen auf den Herd. Aber sie weiß, daß es für den größten Teil der Zubereitungsarbeiten ein Handrührgerät mit vielseitig einsetzbarem Zubehör gibt. Ein Handquirl, der für alle diese in der Küche anfallenden Arbeiten eingesetzt werden soll, muß leistungsfähig und stark sein. Er muß auch im „Dauerbetrieb" sicher laufen und entsprechend gekennzeichnet sein. Er sollte mit vielseitig anwendbarem Zubehör problemlos zu kombinieren sein.

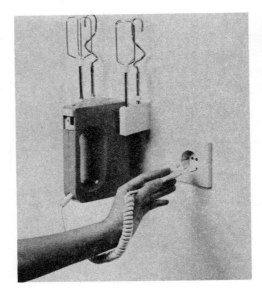

Praktisch – zu diesem Quirl gehört ein Wandhalter. So ist er stets griffbereit und aufgeräumt. Er hat eine dehnbare Leitung wie beim Telefon.

Auf Ständer und Drehschüssel läßt sich dieser Quirl leicht aufstecken. Die Schüssel dreht sich, einerlei ob mit den Schlägern oder Knetern gearbeitet wird.

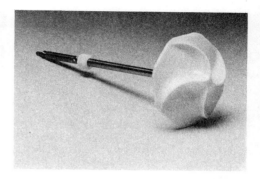

Dieser Passierstab zum Passieren von Soßen, Suppen, Obst und Gemüse ist verwendbar mit normalen Haushaltssieben.

Der Schnellmixstab mit Becher und praktischem Spritzschutzrand zerkleinert Nüsse, Mandeln, Zwiebeln, Obst und Gemüse, mixt Cocktails, Desserts und Babynahrung.

Dieses Schnitzelgerät hat fünf verschiedene Einsätze zum Schneiden, Raspeln und Reiben und paßt auf jede haushaltsübliche Schüssel oder Topf von 15 bis 25 cm Durchmesser.

Dieser zusammenklappbare Allesschneider mit Duo-Electronic paßt sich automatisch dem Schneidgut an, einerlei ob harte Wurst, weicher Käse oder frisches Brot dünn oder dick geschnitten werden sollen. Besonders angenehm: alle Teile sind abnehmbar und leicht zu reinigen.

Kleine Liebe zu guten Suppen

»Wer lange suppt, lebt lang«, sagt ein altes Sprichwort. Und wem kommt bei diesen Worten nicht der Suppenkaspar in den Sinn, bei dessen traurigem Los sich dieses Sprichwort in umgekehrter Weise zu bewahrheiten schien? Warum der Kaspar damals seine Suppe nicht essen wollte – wir wissen's nicht. Geblieben ist uns das Sprichwort. Was wir aber wissen, ist, daß die Suppe von heute jedenfalls alle Voraussetzungen hat, sich viele treue Freunde zu erwerben. Eine moderne Hausfrau, die klug und sparsam zugleich ist, wird auf die Bereitung der Suppe besondere Liebe und Sorgfalt verwenden. Und das mit gutem Recht. Vor allem weiß sie, daß ein Zuviel sowohl der Güte als auch dem Ansehen der Suppe schadet. Als Vorgericht soll die Suppe den Appetit anregen und auch dafür sorgen, daß die nachfolgenden Speisen vom Organismus gut aufgenommen und verwertet werden können.

Die Suppe kann eine Ergänzung zur gemüsearmen Mahlzeit, eine Resteverwertung, ein wärmendes Gericht an kalten und eine Erfrischung an heißen Tagen sein.
Sie ist aus der Baby-, Kinder- und Krankenkost nicht mehr fortzudenken. Sie ist fester Bestandteil unserer Sonntags- und Festessen.

Und was die gebundenen und gehaltreichen Suppen und alle die vielen köstlichen Eintopfgerichte anbelangt – so lohnt es sich, auch ihnen die größte Aufmerksamkeit zu schenken. Durch ihre aufbauenden und nährenden Eigenschaften sind sie insbesondere für Kinder, Jugendliche und schwerarbeitende Familienmitglieder – und nicht zuletzt für die Bereicherung Ihres Küchenzettels – wertvoll. Bei der Zusammenstellung guter Suppen und Eintopfgerichte sind Ihrer Phantasie wahrhaftig keine Grenzen gesetzt. Um sie zu beflügeln, haben wir Ihnen neben einigen Grundregeln und Grundrezepten eine Auswahl köstlicher Suppen zusammengestellt.

Bei diesem Thema dürfen auch die kochfertigen Suppen nicht vergessen werden. Sie sind schnell zuzubereiten und der berufstätigen wie der in Zeitdruck geratenen Hausfrau eine große Hilfe. Die Skala reicht von der Brühe bis zur gebundenen Suppe. Die Auswahl wird Ihnen, liebe Hausfrau, nicht schwerfallen. Geben Sie vor dem Anrichten einen Stich Butter, gehackte Kräuter oder Eischeiben auf die Suppe! Auf diese Weise haben Sie schnell ein vitaminreiches, appetitanregendes Gericht auf dem Tisch. Die Zubereitung ist denkbar einfach, und Sie werden es bald sehen: Alle werden mit dem größten Appetit »*Ihre* Suppe auslöffeln«.
Anmerkung: Für alle Arten von Suppen sind die Automatikplatten besonders geeignet. Jede Suppe mit längerer Zubereitungszeit kann automatisch, d. h. vom Aufsetzen an, durchgehend mit einer Einstellung gegart werden.

Suppen-Einmaleins

Fleisch- und Knochenbrühen nur leicht wallend kochen.

●

Klare Brühe erzielen Sie durch:
langsames Kochen und langsames Erkalten, Abschöpfen des Fettes und Schaumes, Aufkochen eines verquirlten Eiklars.
Ist die Suppe versalzen, so kochen Sie kurz einige Scheiben roher Kartoffeln mit.

●

Bei gebundenen Suppen hilft ein Schuß Milch.

Die neue Art zu Kochen mit der schnellen Mikrowelle. Keine Konkurrenz zum modernen Elektroherd, sondern die notwendige Ergänzung, um noch schneller, abwechslungsreicher, arbeits- und energiesparender die Mahlzeiten auf den Tisch zu bringen.

Ein Mikrowellenherd zaubert in wenigen Minuten servierfähige Gerichte. Rezepte siehe Seite 136 ff.

Für Brühen das Gemüse erst in der letzten Stunde mitkochen.

Alle Brühen werden schön braun durch das Mitkochen von einigen Zwiebelschalen und goldgelb durch die Zugabe einer geriebenen Möhre oder Safran.

Zu Suppengemüse gehört je nach Jahreszeit ein Stückchen Lauch (Porree), eine Karotte (Möhre, gelbe Rübe), ein Stück Sellerieknolle und eine Petersilienwurzel.

Flüssigkeitsmenge nach der Personenzahl berechnen:

$1/8$ bis $1/4$ l je Person,
wenn die Suppe Eingangsgericht ist,

$1/4$ bis $3/8$ l je Person,
wenn die Suppe als Hauptgericht gilt.

Weitere Flüssigkeitszugaben sind nicht erforderlich, denn beim Elektroherd können Sie genau die erforderliche Temperatur einstellen, so daß keine unnötige Verdampfung stattfindet. Auf den Automatikplatten lassen sich die Suppen automatisch garen. Haben Sie einen Herd mit Zeitschaltautomatik, so können Sie dieser bei Suppen mit langen Garzeiten das selbsttätige Schalten überlassen.

Einstellbereiche für die Automatikplatten:

Für Suppen, die leicht anbrennen, die unteren Bereiche einstellen, z. B. Milchsuppen, Hülsenfruchtsuppen, Reissuppen und legierte Suppen

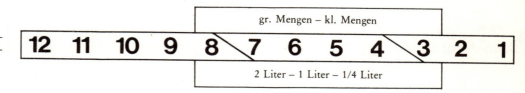

Schaltung für die anderen Kochplatten mit 7-Takt-Schalter:

Ankochen auf Schaltstufe 3,
Fortkochen auf Schaltstufe 1
bei größeren Mengen Zwischenschaltstufe 2
bei kleineren Mengen Zwischenschaltsufe 1

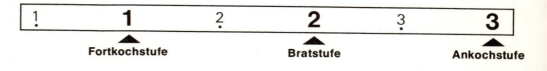

Schaltung für Kochplatten mit stufenloser Einstellung (Energieregler)

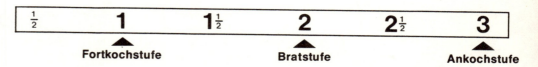

Klare Suppen

Fleischbrühe

300 g Rinderknochen
300 g Rindfleisch
(Schwanzstücke, Backe
oder Wadschenkel)
2 Bund Suppengrün
1 gespickte Zwiebel

1 Tomate
2 l Wasser
Salz
–
einige Zwiebelringe
1 Eßlöffel geriebene Möhre

Knochen, Fleisch und Suppengrün gründlich waschen, Gemüse grob zerkleinern und alles zusammen auf den Topfboden geben. Gespickte Zwiebel und in Scheiben geschnittene Tomate zufügen, Wasser und Salz zugeben, das Ganze bei milder Temperatur langsam zum Kochen bringen und leicht wallend kochen lassen. Vor dem Anrichten die Suppe abschäumen, durch ein Sieb gießen, würzen und mit Einlagen zu Tisch geben.

Garzeit: etwa 2 bis 3 Stunden

Ein guter Rat: Die Suppe bekommt eine schöne Farbe, wenn wenige Minuten vor Kochzeitende einige gebratene Zwiebelringe und 1 Eßlöffel geriebene Möhre mitkochen.

Knochenbrühe

500 g Suppenknochen
1 Eßlöffel Fett
1 bis 2 Bund Suppengrün

2 l Wasser
Salz, Fleischextrakt
oder ggf. Brühwürfel

Knochen gründlich waschen und mit geputztem, kleingeschnittenem Suppengrün in zerlassenem Fett anschmoren. Wasser angießen und leicht wallend kochen lassen. Vor dem Anrichten ggf. mit Fleischextrakt oder Brühwürfel würzen und reichlich gehackte Kräuter unterziehen.

Garzeit: etwa 2 bis 3 Stunden

Gemüsebrühe

1 Eßlöffel Butter oder
Margarine
1 kleine Zwiebel
250 g Gemüse nach
Jahreszeit
1 Petersilienwurzel

1 Möhre
etwa 1½ l Wasser
Salz
ggf. Fleischextrakt oder
Brühwürfel

Fett zerlassen, Zwiebel in Scheiben schneiden und zugeben. Gemüse gut waschen (junge Wurzeln in kaltem Wasser abwaschen, ältere Wurzeln abkratzen), kleinschneiden, im Fett-Zwiebel-Gemisch anschmoren, mit Wasser aufgießen und leicht wallend kochen lassen. Brühe vor dem Anrichten ggf. mit Fleischextrakt oder Brühwürfel würzen, mit reichlich gehackten Kräutern zu Tisch geben.

Garzeit: etwa 30 Minuten

Ein guter Rat: Kochen Sie Ihre Brühe auf der Automatikplatte. Das automatische, leicht wallende Fortkochen ergibt eine schöne, klare und kräftige Brühe und dennoch ein zartes, saftiges Fleisch, das bedenkenlos noch als Beilage verwendet werden kann. Für Suppen, die klar bleiben sollen, werden die Einlagen in mildem Salzwasser gekocht und erst kurz vor dem Servieren hinzugegeben.

Frühlingsgrießnockerln

30 g Butter oder Margarine
Salz und Muskat
1 Ei
—
60 g Hartweizengrieß
1 Eßlöffel Schnittlauch

½ Eßlöffel Möhren
1 Knoblauchzehe
etwas Zwiebel, gerieben
1 Eßlöffel Petersilie

Fett mit Salz und Muskat gut verrühren, mit Ei und Grieß vermengen und einige Minuten quellen lassen. Inzwischen Schnittlauch und Zwiebeln feinhacken, Möhren und Knoblauch reiben und alles mit der feingewiegten Petersilie zur Nockerlmasse geben. Von dieser mit zwei feuchten Teelöffeln längliche Nockerln abstechen und in die kochende Suppe oder Wasser einlegen. Nockerln leicht wallend fertig garen.

Garzeit: etwa 10 Minuten

Markklößchen

60 g Rindermark
1 Ei
Salz, Muskat

Semmelbrösel nach Bedarf
1 Eßlöffel gehackte Petersilie

Das Mark zerlassen und durch ein Sieb rühren. Nach kurzem Abkühlen Ei, Gewürze und so viel Semmelbrösel einrühren, bis eine gut knetbare Masse entsteht. Daraus Klößchen formen und diese in die kochende Suppe einlegen.

Garzeit: etwa 10 Minuten

Ein guter Rat: Nockerl und Klößchen werden immer zart und locker, wenn sie nach dem ersten Aufkochen nur langsam fertig garen. Dazu schreckt man die Suppe nach dem Aufsteigen der Nockerl oder Klößchen (etwa nach fünfminutigem Kochen) mit einer halben Tasse kaltem Wasser ab und läßt zugedeckt ziehen.

Suppenbiskuit

40 g Butter oder Margarine
2 Eigelb
2 Eßlöffel Milch
Salz

Muskat
100 g Mehl
—
etwas Petersilie
2 Eischnee

Alle Zutaten in einen hohen Topf geben, streichfähiges Fett zufügen und mit Quirl und Schlägern die Masse durchschlagen. Eischnee vorsichtig auf niedrigster Schaltstufe unterziehen.

Masse fingerdick in eine gefettete Kastenform füllen und im vorgeheizten Ofen goldgelb abbacken. Biskuit stürzen, in kleine Würfel schneiden, in Suppentassen geben und mit kochendheißer Brühe übergießen.

Einstellung: Normalherd: 170 – 190 • Heißluftherd: Mitte Bereich
Einschubhöhe: oben • Backzeit: 10 – 12 Minuten

Backerbsen

2 Eßlöffel Mehl
1 Ei
1 bis 2 Eßlöffel Wasser

Salz und Muskat
–
Ausbackfett

Aus den angegebenen Zutaten mit Quirl und Schlägern einen glatten, flüssigen Teig anrühren, in ein Milch- oder Sahnekännchen geben und in das heiße Ausbackfett einträufeln. Die goldbraun gebackenen Erbsen mit einem Schaumlöffel herausnehmen und sofort mit der heißen Suppe servieren.

Ausbackzeit: etwa 3 bis 5 Minuten.

Tropfteig

die gleichen Zutaten wie bei »Backerbsen«

Den glatten Teig in die kochende Suppe einlaufen lassen und die Suppe nicht mehr weiterkochen. Tropfteig in die Suppe einlaufen lassen, dabei den Quirl mit den Schlägern auf mittlere Schaltstufe stellen und gut durchrühren.

Eierstich

2 Eier
2 bis 3 Eßlöffel Milch oder Brühe

Salz, etwas Muskat
ggf. ½ Teelöffel Tomatenmark und gehackte Petersilie

Alle Zutaten mit Quirl und Schlägern gut verquirlen und die Eimasse in ein gut gefettetes, kleines Gefäß gießen. Form zugedeckt im Wasserbad ziehen lassen (nicht kochen). Die feste Eimasse stürzen, würfeln und in die fertige Brühe geben.

Garzeit: etwa 15 bis 20 Minuten

Semmelklößchen

30 g Butter oder Margarine
1 Ei
5 Eßlöffel Semmelbrösel

1 Prise Salz
1 Prise Muskat
1 Eßlöffel gehackte Kräuter

Alle Zutaten mit Quirl und Knetern vermengen, Masse etwa eine halbe Stunde quellen lassen, kleine Klößchen formen oder mit zwei feuchten Teelöffeln von der Semmelmasse abstechen und in der Suppe oder Brühe 5 Minuten ziehen lassen.

Legierte, gebundene Suppen

Fett zerlassen, Mehl darüberstäuben, durchschwitzen, unter Rühren mit Flüssigkeit auffüllen, Suppe einmal aufkochen und würzen.

Grundrezept für helle Einbrenne

30 g Butter oder Margarine
40 g Mehl

1 l Flüssigkeit
(Wasser, Brühe oder Milch)
Gewürz

Fett zerlassen, leicht bräunen, Mehl darüberstäuben und bei mittlerer Hitze langsam unter Rühren gut bräunen. Flüssigkeit langsam zugeben, Suppe unter Schlagen einmal aufkochen und würzen.
Anmerkung: Zwiebelwürfelchen nur kurz in zerlassenem Fett andünsten oder erst nach leichtem Bräunen des Mehls hinzufügen, da sie sonst verbrennen und bitter schmecken.

Grundrezept für dunkle Einbrenne

50 g Butter oder Margarine
50 g Mehl

1 l Flüssigkeit
(Wasser, Brühe oder Milch)
Gewürz

Für Gemüsesuppen das Gemüse je nach Art vorbereiten (putzen oder schälen, waschen und kleinschneiden), und in Wasser kochen. Gemüsebrühe zum Auffüllen der Einbrenne verwenden, in die fertige Suppe das Gemüse einlegen oder aber als Gemüsekremsuppe das Gemüse durch ein Sieb streichen und in die Suppe rühren.
Suppe nach Belieben würzen, Eigelb mit Sahne verquirlen und in die noch heiße, aber nicht mehr kochende Suppe einrühren.
Garzeit: etwa 30 bis 40 Minuten

Grundrezept für Gemüsesuppen

250 g Gemüse
(je nach Rezept)
1 kleine Möhre
1 l Wasser
–
30 g Butter oder Margarine
40 g Mehl

Salz und Muskat
1 Eigelb
2 Eßlöffel Dosenmilch
oder Sahne
1 Teelöffel Butter
1 Eßlöffel gehackte
Petersilie

Ochsenschwanzsuppe

250 bis 300 g Ochsenschwanz
1 Suppengrün
1 Eßlöffel Öl
1 kleine Zwiebel
—
gut 1 l Wasser
½ Teelöffel Paprikapulver

½ Teelöffel Tomatenmark
ggf. kleingeschnittene Pilze
Salz
für die Einbrenne:
60 g Butter oder Margarine
50 g Mehl

Ochsenschwanz in kleine Stücke schneiden, mit geschnittener Zwiebel und gewaschenem, geputztem, gewürfeltem Suppengrün in Öl anschmoren, mit Wasser aufgießen. Alle übrigen Zutaten beigeben und gar kochen. Suppe durchseihen, das Fleisch von den Knochen lösen und kleingeschnitten der Suppe zugeben. Fett zerlassen, Mehl darüberstäuben, bräunen, mit der heißen Suppe unter kräftigem Rühren vermengen und nochmals aufkochen lassen. Ggf. vor dem Anrichten ½ Glas Rotwein zugeben.

Garzeit: etwa 2 bis 3 Stunden

Kartoffelkremsuppe mit Schinken

½ kg Kartoffeln
1 l Wasser oder Brühe
—
150 g magerer Schinken
Salz, Pfeffer, Majoran
Muskat

1 bis 2 Eßlöffel Parmesan
—
2 Eigelb, 1 Eßlöffel Sahne
50 g Butter
1 Eßlöffel gehackte Petersilie oder Schnittlauch

Die geschälten, kleingeschnittenen Kartoffeln in Wasser oder Brühe gar kochen, mit Quirl und Passierstab durch ein Sieb streichen und mit kleingeschnittenem Schinken und den übrigen Zutaten vermengen und abschmecken. Vor dem Anrichten mit dem mit Sahne verrührten Eigelb legieren, nicht mehr kochen, Butter und Petersilie zugeben.

Garzeit: etwa 20 bis 30 Minuten

Minestrone

750 g gemischtes Gemüse
(Möhren, Porree, Sellerie,
Wirsing, Zwiebeln, Tomaten)
50 g Speck
40 g Margarine
Salz, Paprikapulver

etwa ½ l kochendes Wasser
ggf. 2 bis 3 Salbeiblätter
etwas Knoblauch
150 g Spaghetti
gehackte Kräuter
geriebener Käse

Das geputzte, gewaschene Gemüse in feine Stücke schneiden, Margarine zerlassen, gewürfelten Speck darin glasig schmoren und das Gemüse, außer den Tomaten, darin andünsten. Tomaten und Gewürze zugeben und das Ganze mit der Wassermenge auffüllen, ggf. Salbeiblätter und Knoblauch zugeben. Vor dem Anrichten die gesondert gekochten Spaghetti kleingeschnitten unter die Gemüsesuppe mischen und mit gehackten Kräutern abschmecken, geriebenen Käse bei Tisch dazugeben.

Garzeit: etwa 40 bis 50 Minuten

Delikate Champignonsuppe

50 g Butter oder Margarine
300 g Champignons
1 kleine Zwiebel
—
1 l Wasser oder Brühe
1 Eßlöffel Mehl

⅛ l süße Sahne
Salz, Muskat, Pfeffer
—
1 hartgekochtes Ei
1 Tomate, klein geschnitten
1 Eßlöffel gehackte Petersilie

In dem flüssigen und noch nicht gebräunten Fett gewaschene und geschnittene Champignons mit feingeschnittener Zwiebel dünsten. Wasser oder Brühe und die mit Mehl verquirlte Sahne zugießen, aufkochen und abschmecken. Vor dem Anrichten kleingeschnittenes Ei, abgezogene und in Würfel geschnittene Tomate sowie Petersilie zugeben.

Garzeit: etwa 15 bis 20 Minuten

Gerichte aus einem Topf

Zwiebeln, Gemüse, Kartoffeln putzen, schälen und mit dem Fleisch kleinschneiden. Fett zerlassen, die Zutaten einschichten und jede Lage etwas würzen. Eine Tasse Wasser oder Brühe zugeben und langsam garen.
Garzeit: etwa 60 bis 70 Minuten mit Fleisch, etwa 30 bis 45 Minuten ohne Fleisch

Grundrezept

2 Zwiebeln, 2 Suppengrün
ggf. 2 Tomaten
750 g Gemüse
je nach Jahreszeit
(am besten 5 bis 6 Sorten)
500 g Kartoffeln

300 bis 500 g Fleisch nach Wahl
50 g Fett
Salz
Gewürze
1 Tasse Wasser oder Brühe

Verlesene, gewaschene Linsen oder Erbsen in Wasser über Nacht einweichen. Geschnittenen Speck mit kleingeschnittenen Zwiebeln, Suppengrün und Kartoffeln dünsten, Linsen mit allen übrigen Zutaten und dem Einweichwasser zugeben und gar kochen. Vor dem Anrichten Wein oder Essig und Sahne unterziehen.
Garzeit: etwa 60 bis 90 Minuten
Ein guter Rat: Expreßlinsen sind ohne Einweichen in 20 Minuten gar.

Linsen- oder Erbseneintopf

250 g Linsen oder Erbsen
3/4 l Wasser
–
350 g Schinkenspeck
2 bis 3 Zwiebeln
1 bis 2 Suppengrün
5 Kartoffeln

1 Lorbeerblatt
2 Nelken
Salz
1/4 l Wein oder bei Linsen etwas Essig
1/8 l saure Sahne

Fleisch in Würfel schneiden, salzen, pfeffern. Speck, Zwiebeln und geputzte Pilze kleinschneiden. Speck zerlassen, Fleisch und Zwiebeln zugeben und allseits anbräunen. Pilze einstreuen, mit Mehl bestäuben, gut durchdünsten, lauwarme Brühe aufgießen und zugedeckt fertig garen. Vor dem Servieren Wein und Kräuter untermengen. Mit Reis oder Kartoffelbrei reichen.
Garzeit: etwa 50 bis 60 Minuten

Kalbsragout pikant

600 g Kalbfleisch
Salz, Pfeffer
100 g Schinkenspeck
1 bis 2 Zwiebeln
250 g Pilze
(je nach Jahreszeit)

1 Eßlöffel Mehl
1/4 l Brühe
–
1 Glas Weißwein
1 Eßlöffel Kräuter
ggf. etwas Muskat

Bayerischer Schlachttopf

(Rezept für 8 bis 10 Personen)

2 kg Kartoffeln, geschält
Salz, Kümmel
½ l Wasser
800 g Schinkenspeck

1 kg Sauerkraut
Blutwürste, Leberwürste
nach Belieben

Die geschälten und geviertelten Kartoffeln in einen großen Topf geben, mit Salz und Kümmel bestreuen, mit Wasser übergießen. Darauf den Schinkenspeck in Portionsstücken legen, darüber auseinandergezupftes Sauerkraut verteilen und darauf Blut- und Leberwürste geben. Topf schließen und das Gericht bei mittlerer Hitze garen. Auf einer großen Platte Würste, Fleisch, Kraut und Kartoffeln nebeneinander anordnen und als Schlachtplatte servieren.

Garzeit: etwa 90 Minuten

Reis mit gefüllten Paprikaschoten und gefüllten Tomaten

60 g Fett
2 bis 3 Zwiebeln
1½ Tassen Reis

3 Tassen Brühe
–
4 Paprikaschoten
4 Tomaten

Füllung Paprikaschoten:
125 g Hackfleisch
50 g Speck
50 g Schinken

1 Semmel
1 Zwiebel
1 Ei, Salz
und Paprikapulver

Füllung Tomaten:
100 g Schinken
50 g Schweizer Käse

1 Ei, Salz und Pfeffer
etwas Petersilie

Paprikaschoten waschen, Deckel abschneiden und von Kernen und Scheidewänden befreien. Zur Füllung Schinken, Speck und Zwiebel würfeln, mit eingeweichter, ausgedrückter Semmel, Hackfleisch, Ei und Gewürzen gut mischen. Füllung mit einem Löffel in die Schoten drücken. Tomaten waschen, Deckel abschneiden, das Innere vorsichtig herausnehmen und zur Füllung verwenden. Zur Füllung Schinken und Käse hacken, Ei, Gewürze, ausgekratztes Tomatenmark und gewiegte Petersilie zufügen, alles mischen und in die Tomaten drücken. Die gefüllten Schoten und Tomaten stehend in einen großen Topf setzen, Reis, Fett und Zwiebelringe zufügen und die Brühe aufgießen. Den Topf schließen und das Gericht langsam garen.

Garzeit: etwa 50 bis 60 Minuten

Ein guter Rat: Alle diese Rezepte »Gerichte aus einem Topf« sind besonders für das automatische Garen auf den Automatikplatten geeignet. Sie können solche Gerichte auch sehr gut von der Zeitschaltautomatik ein- und ausschalten lassen.

Porreetopf

3 Porreestangen
400 g Möhren
400 g Kartoffeln
1 Zwiebel
1 Eßlöffel Schmalz
1 l Wasser

1 Brühwürfel
500 g geräucherter
Schweinenacken
–
1 Eßlöffel Mehl zum Binden
Salz, 1 Prise Pfeffer
gehackte Petersilie

Die dunkelgrünen Enden von den Porreestangen abschneiden, Stangen halbieren, mehrmals gut waschen, mit den geschälten Kartoffeln und den geputzten Möhren in Streifen schneiden. Zwiebel würfeln, in etwas Fett anschmoren, Porree und Möhren zugeben und mit dem in Wasser aufgelösten Brühwürfel auffüllen. Schweinenacken obenauf legen. 15 Minuten vor Garzeitende die Kartoffelstäbchen zufügen, den Eintopf ggf. mit etwas kalt angerührtem Mehl binden und abschmecken. Mit feingehackter Petersilie servieren.

Garzeit: etwa 50 bis 60 Minuten

Soßen mit Pfiff

Warme Soßen, helle Soßen

Die Zubereitung von Soßen aller Art ist einfach und geht schnell, wenn als Grundsoßen vorgefertigte Produkte aus dem Glas, aus Beuteln oder Päckchen verwendet werden. Sie sind nach Belieben dosierbar und können auf den eigenen Geschmack beliebig abgestimmt werden.
Fett zerlassen, Mehl darüberstäuben und je nach Art der Soße beliebig schmoren, helle Soßen nur schwitzen, dunkle Soßen gut bräunen. Mit der kalten oder lauwarmen Brühe unter Rühren aufgießen und durchkochen.
Garzeit: etwa 10 Minuten
Mit der Grundsoße können zubereitet werden:

Grundsoße

30 g Fett
40 bis 50 g Mehl
–
½ l Brühe oder

¼ l Brühe und
¼ l Milch
ggf. Salz, 3 Eßlöffel saure Sahne

Alle Zutaten mit der heißen Grundsoße verrühren.

Meerrettichsoße

½ l Grundsoße
200 g geriebener Meerrettich

1 Teelöffel Zucker
1 bis 2 Eßlöffel Sahne

Grundsoße mit Zitronensaft abschmecken, mit der Sahne und dem verquirlten Eigelb legieren, nicht mehr kochen. Zum Schluß 40 g Fett und die Kräuter zugeben.
Garzeit: Alle diese Soßen müssen nach dem Aufkochen noch etwa 10 Minuten zugedeckt ziehen.

Holländische Soße

½ l Grundsoße
2 Eigelb
2 Eßlöffel Sahne

1 Eßlöffel Zitronensaft
1 Eßlöffel Kräuter
40 g Fett

Fett zerlassen, Zwiebelwürfel darin glasig dünsten und Mehl darüberstäuben. Schwitze mit Flüssigkeit ablöschen, einmal aufkochen und mit allen Gewürzen abschmecken. Gehackten Schinken unterziehen.

Béchamelsoße

30 g Fett, 1 Zwiebel
40 g Mehl
½ l Flüssigkeit

¼ l Sahne und ¼ l Brühe
Pfeffer, Muskat
50 g Schinken, gehackt

Dunkle Soßen

Tomatensoße

30 g Fett
1 bis 2 Zwiebeln
½ kg Tomaten
oder 2 Eßlöffel Mark
Paprikapulver
Lorbeerblatt

Nelken
—
15 bis 20 g Speisestärke
½ l Brühe
Zucker, Zitronensaft
etwas Salz

In heißem Fett die kleingeschnittenen Zwiebeln, Tomatenscheiben und alle Gewürze gut durchdünsten, dann durchseihen. Kalt angerührte Speisestärke und Brühe zugeben, kurz aufkochen und abschmecken.

Garzeit: etwa 15 bis 20 Minuten

Kümmelsoße

30 g Fett
40 g Mehl,
1 Eßlöffel Kümmel

½ l Wasser oder Brühe
etwas Salz und Essig

Fett erhitzen, Mehl darüberstäuben und dunkel bräunen, Kümmel zufügen. Schwitze mit Wasser oder Brühe (aus einem Brühwürfel bereitet) ablöschen, einmal aufkochen und mit Salz und Essig abschmecken.
Die Soße zu Fleisch- und Kohlgerichten reichen.

Garzeit: etwa 10 Minuten

Burgundersoße

30 g Fett
1 kleine Zwiebel
60 g Mehl
¼ l Brühe
Salz, Pfeffer, Nelken

⅛ l Burgunderwein
1 Teelöffel Johannisbeergelee
etwas Zucker und Zitronensaft

In zerlassenem Fett die kleingeschnittene Zwiebel leicht anschmoren, Mehl zugeben und mit bräunen lassen. Flüssigkeit aufgießen, Gewürze und vor dem Anrichten Wein und Gelee hinzufügen. Zuletzt mit Zitrone und Zucker abschmecken.

Garzeit: etwa 15 bis 20 Minuten

Kapernsoße

30 g Fett
40 g Mehl
½ l Fleisch- oder
Knochenbrühe
—
etwas Salz und Zucker

etwas abgeriebene Zitronenschale
etwas Nelkenpulver
1 Röhrchen Kapern
etwas Rotwein

Fett zerlassen, Mehl darüberstäuben, dunkelbraun schwitzen, mit heißer Fleischbrühe (Brühwürfel) oder Knochenbrühe ablöschen und Soße unter kräftigem Schlagen einmal aufkochen. Soße mit allen übrigen Zutaten pikant abschmecken und als Beigabe zu Kotelett oder Braten zu Tisch geben.

Garzeit: etwa 10 Minuten

Keine Mahlzeit ohne Gemüse

Bei dem Berliner Ingenieur Heinrich Seidel, der als der Verfasser des Buches »Leberecht Hühnchen« bekannt wurde, erschien eines Tages ein Freund und bat ihn händeringend, ihm zehn Mark zu leihen, er wisse sonst nicht weiter. Seidel, der damals auch nicht auf Rosen gebettet war, zeigte sich nicht kleinlich und gab den gewünschten Betrag. Als er bald darauf ausging, sah er seinen vorher noch so verhärmten Freund in einem Gasthaus von einer großen Platte frischen Spargel speisen. »He, was soll das bedeuten?« platzte Seidel heraus. »Ach, lieber Heinrich, sei mir bitte nicht böse«, stotterte der Mann, »wenn ich kein Geld habe, kann ich so ein köstliches Gemüse wie Spargel nicht essen, habe ich aber Geld, so darf ich keinen Spargel essen. Ja, sage mir doch nur, wann soll ich dann überhaupt Spargel essen?«

Zu den wertvollsten und gesündesten Nahrungsmitteln gehört das Gemüse. Sein hoher Gehalt an Mineralsalzen und sein Reichtum an Vitaminen machen es zu einem unentbehrlichen Bestandteil einer vollwertigen Kost. Um den hohen Nutzwert dieses Nahrungsmittels nicht zu schmälern, muß es sorgsam zubereitet werden. Dämpfen oder Dünsten ist für Gemüse geeignet. Die schonendste Zubereitung ist auf den Automatikplatten möglich, denn bei der milden und gleichmäßig gesteuerten Temperatur bleiben die Vitamine zum großen Teil erhalten. Das Gemüse behält sein frisches, appetitliches Aussehen und ist besonders schmackhaft. Das gleiche gilt auch für tiefgekühltes Gemüse. Halten Sie immer die Garzeiten ein, und beachten Sie, daß bei tiefgekühltem Gemüse die Garzeiten um ein Drittel kürzer sind als bei Frischgemüse. Das Gemüse-Abc auf den Seiten 44/45 sowie die Ratschläge auf den nächsten Seiten sollen Ihnen eine kleine Hilfe für das Vor- und Zubereiten von Frisch- und tiefgekühltem Gemüse sein. Beachten Sie bitte auch das Kapitel »Gerichte aus einem Topf«. Dort finden Sie einige Eintopfgerichte, deren Grundlage Gemüse ist. Solche Gerichte sind gesund und beliebt, sie schmecken ausgezeichnet, sind billig und können ohne großen Aufwand an Geschirr zubereitet werden. Ihr idealer Helfer ist hier der Quirl mit Schnitzelgerät. Je nach Rezept oder Geschmack läßt sich Gemüse grob oder fein zerkleinern. Im allgemeinen haben Sie verschiedene Reib-, Schneid- und Raspeleinsätze zur Verfügung. Wenn Sie diese Gerichte auf den Automatikplatten garen und ggf. zum Ein- und Ausschalten die Zeitschaltautomatik verwenden, so können Sie sorglos Ihre Küche für längere Zeit verlassen. Wenn mittags Ihre Lieben hungrig zu Tisch erscheinen, ist das Essen fertig.

Ratschläge für das Vor- und Zubereiten

Alle Gemüsesorten nur kurz, aber gründlich waschen, jedoch nicht im Wasser liegen lassen, da sonst die Geschmacksstoffe und ein Teil wertvoller Vitamine verlorengehen. (Ausnahme: Blumenkohl, siehe nebenstehendes »Gemüse-Abc«.)

●

Junges Wurzelgemüse, wie Möhren und Petersilie, nicht schälen, sondern gut abbürsten.

●

Gemüse nur im eigenen Saft garen, ggf. mit ganz wenig Wasser; vor dem Anrichten einen Stich Butter hinzufügen.

●

Garzeiten einhalten. Zu langes Garen zerstört Vitamine und Geschmacksstoffe (s. nebenstehendes »Gemüse-Abc«).

●

Tiefgekühltes Gemüse erfreut sich immer größerer Beliebtheit. Das automatische Garen auf den Automatikplatten ist für tiefgekühltes Gemüse besonders zu empfehlen, da in einem Vorgang aufgetaut und gleichzeitig bei gleichmäßiger milder Temperatur schonend gegart werden kann. Wollen Sie tiefgekühltes Gemüse mit Zwiebeln, Speck, Einbrenne oder Einbrennsoße zubereiten, so schmoren Sie die

Gemüse-Abc

Gemüseart	Man rechnet je Person etwa (in g)	Garzeit* etwa (in Minuten)	Einige Ratschläge
Artischocken	2 Stück	25 bis 35	Artischocken in kochendem Salzwasser garen; sie sind gar, wenn sich ein äußeres Blatt mühelos löst
Blumenkohl	250	25 bis 35	vor dem Zubereiten in kaltes Salzwasser legen, das Ungeziefer entfernt sich aus dem Blumenkohl
Bohnen, grüne	250	25 bis 35	
Bohnen, getrocknete	125	90 bis 120	einweichen, abgießen, neu ansetzen, zum Schluß salzen
Chicorée	2 Stück	10 bis 15	
Erbsen, frische, grüne	250	10 bis 15	
Erbsen, getrocknete	125	60 bis 90	einweichen und mit Einweichwasser garen
Gurken	125	10 bis 15	von der Spitze nach unten schälen – verhindert Bitterwerden
Karotten (Möhren)	250	20 bis 35	unter fließendem Wasser mit Drahtschwamm bürsten
Kohl	250	40 bis 70	dem Rotkohl bei der Zubereitung Johannisbeergelee hinzufügen

* Garzeiten bei tiefgekühltem Gemüse sind um 1/3 kürzer als bei Frischgemüse

Gemüse-Abc

Gemüseart	Man rechnet je Person etwa (in g)	Garzeit* etwa (in Minuten)	Einige Ratschläge
Rosenkohl	250	15 bis 30	Strunk über Kreuz einschneiden, vermindert bitteren Geschmack und verkürzt Garvorgang
Kohlrabi	2 Stück	25 bis 30	gefüllt, je nach Art der Füllmasse, 10 bis 20 Minuten länger
Lauch	2 Stück	25 bis 35	
Linsen	100	90 bis 120	wie Erbsen, getrocknete
Paprikaschoten	2 Stück	10 bis 15	gefüllt, je nach Art der Füllmasse, 20 bis 25 Minuten länger
Rote Bete	1 Stück	40 bis 50	ältere Rüben bis zu 30 Min. länger
Schwarzwurzeln	250	30 bis 40	in Essigwasser abkratzen
Sellerie	250	40 bis 50	in Essigwasser abkratzen
Spargel	250	25 bis 30	von oben nach unten schälen (unten stärker)
Spinat	250	10 bis 15	
Tomaten	3 bis 4 Stück	10 bis 20	gefüllt 10 bis 20 Minuten länger
Wirsing	250	20 bis 30	gefüllt etwas länger
Zwiebeln	2 bis 3 Stück	15 bis 20	gefüllt etwas länger

* Garzeiten bei tiefgekühltem Gemüse sind um 1/3 kürzer als bei Frischgemüse

Zwiebeln, den Speck oder die Einbrenne erst an oder bereiten die Soße zu, dann legen Sie das noch tiefgekühlte Gemüse (z. B. Spinat) ein und garen es automatisch fertig.

●

Haben Sie einen Herd mit Grill, dann nützen Sie diesen Vorteil und grillen Sie verschiedene Gemüsearten. Das Gemüse, wie z. B. Tomaten, Pilze usw., dankt es Ihnen durch besonderen Wohlgeschmack und Vitaminreichtum.

●

Falls Sie einen Herd mit Zeitschaltautomatik haben, können Sie Gemüsesorten mit langen Zubereitungszeiten automatisch garen und von der Zeitschaltautomatik selbsttätig schalten lassen.

●

Die Hände werden geschont, wenn das Gemüse unter fließendem Wasser geputzt wird, wenn die Hände nach dem Putzen mit Zitronensaft gereinigt oder vorher mit Essig gut eingerieben werden.

●

Gemüse verfärbt sich nicht (auch wenn es längere Zeit vor dem Garen geputzt wurde und bereits im Zubereitungsgeschirr liegt), wenn man es in Zitronensaft schwenkt.

●

Tomaten lassen sich leicht abziehen, wenn sie einige Minuten in heißes Wasser getaucht werden.

Mit dem Schnitzelgerät geht das sonst mühsame Schneiden, Raspeln oder Reiben jetzt leicht von der Hand. Dabei können Sie gleich »in den Topf arbeiten«; denn mit der Dreipunktauflage paßt sich das Siemens-Schnitzelgerät jeder Gefäßgröße bis 25 cm Durchmesser an.

Bei Paprikaschoten müssen Strunk, Scheidewände und innere Kerne entfernt werden. Scharfe Paprikaschoten kurz vor dem Zubereiten mit heißem Wasser überbrühen.

●

Chicorée sollte wegen seines hohen Vitamin-A-Gehaltes häufiger zur Salatzubereitung verwendet werden. Der unangenehme, etwas bittere Geschmack kann vermieden werden, wenn man den Chicorée aushöhlt, da im Kern die Bitterstoffe sitzen. Bevor Sie die Blätter für die Salatzubereitung schneiden, ist ein kurzes Wässern in lauwarmem Wasser zu empfehlen.

●

Gurken vor dem Schälen probieren, ob sie bitter sind, ggf. das bittere Ende abschneiden. Dann die Gurke von der Blüte zum Stiel hin schälen.

●

Spargelstangen vom Kopf her abwärts schälen und holzige Enden abschneiden.

●

Zwiebeln und Knoblauch sind sehr gesund, man sollte sie häufig Speisen zugeben. Der lästige Nachgeschmack kann vermieden werden, wenn nach dem Genuß von Zwiebeln und Knoblauch ein Glas lauwarme Milch langsam, schluckweise getrunken wird.

●

Wollen Sie recht knusprige Zwiebelringe, dann bräunen Sie diese schwimmend in einem offenen Topf in Fett; zugedeckt werden die Zwiebeln weich.

Einstellbereiche für die Automatikplatten:

Ein kleiner Hinweis: Tiefgekühltes Gemüse soll langsam und mild gegart werden. Bereiten Sie es deshalb schonend zu und wählen Sie als Einstellung die jeweils unterste Grenze der angegebenen Bereiche.

Schaltung für die anderen Kochplatten:

Kochen und dünsten: Ankochen auf Ankochstufe 3, umschalten auf Fortkochstufe bzw. Zwischenschaltstufen

In Fett ausbacken: Die ersten Stücke auf Ankochstufe 3, die weiteren Stücke auf Bratstufe 2 bzw. 2

Schaltung für Kochplatten mit stufenloser Einstellung (Energieregler)

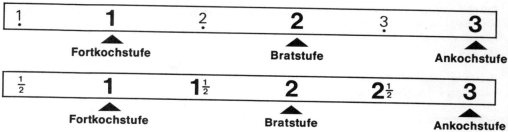

Zwiebeln, etwas angedämpft, sind bekömmlicher. Zwiebeln nicht auf Metall reiben, sie schmecken sonst bitter. Geriebene Zwiebeln sparsamer verwenden.

•

Beim Zwiebelschneiden weinen? Das brauchen Sie nicht mehr, wenn Sie auf einem nassen Brett und in der Nähe von fließendem Wasser die Zwiebel schneiden.

Gemüse, gekocht und gedünstet

Das gereinigte Gemüse kleingeschnitten oder im ganzen je nach Art und Rezept in den Topf legen. 1/8 bis 1/4 l Salzwasser zugeben, gerade so viel, daß der Boden des Zubereitungsgeschirrs etwa 1 bis 2 cm hoch bedeckt ist. Den Topf während des Garvorganges fest verschlossenhalten.

Diese Zubereitungsart ist geeignet für:

Blumenkohl
im ganzen oder in Röschen zerteilt
(vorher 30 Minuten in kaltes Salzwasser legen)

Bohnen,
ggf. abgefädelt, im ganzen oder geschnippelt

Kohlrabi,
geschält, in Scheiben oder Stiften

Lauch,
gut gewaschen, in Rädchen, Stücken oder im ganzen

Rote Bete,
kochen, schälen, in Stiften oder Scheiben

Rosenkohl,
verlesen, am Strunkende kreuzweise eingeritzt

Sellerie,
geschält, nach dem Kochen in Stiften oder Scheiben

Spargel
vom Kopf her dünn, zum Stielende hin etwas stärker geschält, im ganzen oder in Stücken (Bruch)

Spinat im ganzen,
nach dem Dämpfen grob gehackt

Schwarzwurzeln,
in Essigwasser geschält, im ganzen oder in Stücken

Weißkohl, Sauerkohl, Rotkohl, Wirsing,
feinnudelig geschnitten oder gehobelt;

Mengen und Garzeit: »Gemüse-Abc«

Ein guter Rat:

Vor dem Anrichten ein Stück Butter zugegeben, verfeinert jedes Gemüse. Mit Kräutern verschiedener Art können auch aromaarme Gemüsesorten schmackhaft und schwer verdauliche Sorten bekömmlicher werden.
Siehe auch »Kleine Kräuter- und Gewürzkunde«, Seiten 26 bis 28.

Gemüse, gedünstet

Das gereinigte Gemüse, vorbereitet je nach Art und Rezept, in zerlassenem Fett andünsten. Etwas Wasser zugeben und in zugedecktem Topf fertig garen.
Diese Zubereitungsart ist geeignet für:

Auberginen,
geschält, in Stiften, Scheiben oder Würfeln

grüne Bohnen,
ggf. abgefädelt, im ganzen oder in Stücken

Chicorée,
vom Bitterkern befreit, streifig geschnitten oder im ganzen

Junge Erbsen,
enthülst

Fenchel,
im ganzen oder halbiert, von Stielen und Blättchen und allem Holzigen befreit. Blättchen feingehackt auf das fertige Gemüse streuen

Gurken,
von der Blüte zum Stiel geschält, in Würfeln, Streifen oder Scheiben

Karotten,
geputzt, kleinere im ganzen, halbiert, oder größere in Scheiben oder Würfeln

Kohlrabi,
geschält, in Stiften oder Scheiben, gefüllt, im ganzen

Lauch
gut gewaschen, in Rädchen, Stücken oder im ganzen

Maiskölbchen,
im ganzen, von Blättern, Fasern und Stielenden befreit

Möhren,
geschabt, in Würfeln oder Scheiben

Paprikaschoten,
von Kernen und Scheidewänden befreit, in Streifen

Rosenkohl,
verlesen und am Strunkende kreuzweise eingeritzt

Sellerie,
geschält, in Scheiben oder Stiften, gefüllt, im ganzen

Spinat, im ganzen,
verlesen, gut gewaschen

Tomaten,
gehäutet, im ganzen oder in Vierteln oder Scheiben geschnitten

Wirsing, Grün-, Rot- und Sauerkohl,
feinnudelig geschnitten oder gehobelt

Zwiebeln,
geschält, je nach Größe im ganzen, in Ringen oder Scheiben

Delikate Champignonsuppe
Rezept siehe Seite 38

Porree-
eintopf
Rezept
siehe Seite

Gemüse in Soße

Fett zerlassen, Mehl darüberstäuben, alles lichtgelb schwitzen und mit Milch und Gemüsewasser ablöschen. Soße aufkochen, mit Eigelb legieren, pikant abschmecken, feingehackte Kräuter unterziehen, ggf. zarte Gemüseblättchen, z. B. von Fenchel, Bohnen, Sellerie, und das vorgegarte Gemüse einlegen.

Garzeit: etwa 10 Minuten

Soße
30 g Fett
40 g Mehl
—
¼ l Milch
¼ l Gemüsewasser

1 Eigelb
—
ggf. etwas Muskat, Salz
etwas Zitronensaft
etwas saure Sahne
gehackte Kräuter

Soßengemüse

Zarte, frische Gemüsesorten (oder Reste) schmecken vorzüglich in einer weißen Soße. Mengen siehe »Gemüse-Abc« S. 44 bis 45. Die Zubereitung der Soße ist problemlos und geht schnell, wenn als Grundsoße fertige Produkte aus dem Glas oder Päckchen verwendet und nach eigenen Ideen abgeschmeckt werden.

Blumenkohl
Blätter und Strunk entfernen, 30 Minuten in kaltes Salzwasser legen, im ganzen lassen oder in kleine Röschen zerteilen, waschen, in kochendem Salzwasser etwa 15 bis 20 Minuten kochen. Danach den Blumenkohl zum Abtropfen auf ein Sieb geben.

Chicorée
Die äußeren welken Blätter der Chicorée entfernen, am unteren Ende den Bitterkern herausschneiden, das Gemüse waschen und in kochendes Salzwasser geben. Etwas Essig oder Zitronensaft hinzufügen und die Stauden in etwa 20 Minuten garkochen. Chicorée auf ein Sieb geben und abtropfen lassen.

Grüne Bohnen
ggf. abfädeln, waschen, im ganzen lassen, in Stücke brechen oder schnippeln. Mit Bohnenkraut in kochendes Salzwasser geben und in etwa 30 Minuten garen. Zum Abtropfen auf ein Sieb geben.

Kohlrabi
dünn schälen und in Stifte schneiden. Gemüse in kochendem Salzwasser etwa 30 Minuten garen. Zum Abtropfen auf ein Sieb geben.

Lauch
Lauchstangen halbieren, mehrmals gut waschen, in Rädchen schneiden und in wenig Wasser etwa 30 Minuten lang dämpfen, Lauch zum Abtropfen auf ein Sieb geben.

Rosenkohl
von den schlechten, äußeren Blättchen befreien, Strunk kreuzweise einschneiden und das Gemüse in kochendes Salzwasser geben. In etwa 20 Minuten weichkochen und zum Abtropfen auf ein Sieb geben.

Wirsing
Kohlkopf putzen, vierteln, nudelig schneiden, in wenig Salzwasser dämpfen. Oder: Fett zerlassen, Zwiebelwürfel darin glasig dünsten, mit dem nudelig geschnittenen Wirsing vermengen, etwas Wasser aufgießen und zugedeckt gar dünsten.

Kohlgerichte

Rotkohl, russisch

1 Petersilienwurzel
1 Zwiebel
1 Stück Sellerie
60 g Speck
2 Eßlöffel Puderzucker
Kümmel, Salz, Pfeffer
Nelken

etwas Weinessig
¼ l Rotwein
—
1 kg Rotkohl
2 Äpfel
—
1 Teelöffel Speisestärke
Zitronensaft

Geschälten Sellerie und Petersilienwurzel mit der Zwiebel fein reiben, mit Speckwürfeln durchschmoren, Puderzucker und Gewürze hinzufügen und mit einem Schuß Essig und Rotwein ablöschen. Gehobelten Kohl zugeben und etwa 20 Minuten vor dem Anrichten die blättrig geschnittenen Äpfel hinzufügen. Ggf. Gemüsesaft mit etwas angerührter Speisestärke binden, würzen und zu geschmorten Fleischgerichten zu Tisch geben.

Garzeit: etwa 50 bis 70 Minuten

Grünkohl (Braunkohl)

1 kg Grünkohl
Salzkochwasser
—
40 g Gänse- oder Schweinefett

1 Eßlöffel Mehl
ggf. 1 Zwiebel
¼ l Gemüsewasser
Salz, Muskat

Grünkohl vom Stiel abstreifen und gründlich waschen, in kochendes Salzwasser geben, weich kochen und auf einem Sieb abtropfen lassen. Kohl grob hacken. Inzwischen Fett zerlassen, ggf. Zwiebelwürfel darin glasig dünsten, mit Mehl durchschwitzen und mit Wasser oder Gemüsebrühe auffüllen. Soße einmal aufkochen, abschmecken und den Kohl einlegen.

Garzeit: etwa 30 bis 40 Minuten

Kohlrollen auf Zigeunerart

8 Rotkohlblätter
—
50 g Fett
50 g Speck
1 Zwiebel
einige Pilze
Lorbeerblatt
Wacholder
1 Apfel
Nelken
etwas Wasser

Füllung:
250 g Wildfleisch, Ragout, Hackfleisch oder Reste
—
1 Semmel, 1 Ei, 1 Zwiebel
Salz, Pfeffer, Kräuter
—
Soße:
1 Teelöffel Johannisbeergelee
ggf. etwas Sahne
nach Belieben etwas Rotwein

Von den großen Rotkohlblättern die Rippen flachschneiden, Rotkohlblätter mit heißem Essigwasser überbrühen. Für die Füllung das rohe Wildfleisch durch den Fleischwolf drehen, mit eingeweichter und ausgedrückter Semmel, Ei, geriebener Zwiebel und Gewürzen mischen. Die Fülle auf den Rotkohlblättern verteilen, aufrollen und mit Garn binden oder Nadeln befestigen. In zerlassenem Fett die Speckwürfel auslassen. Zwiebel-, Apfel- und Pilzwürfel mit Gewürzen zugeben, Rotkohlrollen in Zucker wälzen, allseits anbraten, etwas Wasser angießen und zugedeckt fertig garen. Vor dem Anrichten die Soße durch ein Sieb streichen und mit den übrigen Zutaten abschmecken.

Garzeit: etwa 40 bis 50 Minuten

Veränderung: In der gleichen Zubereitungsart können Sie Wirsing, Weißkohl, Kohlrabi usw. zubereiten. Kleines Gemüse wie Spargel, Rosenkohl usw. wird mit der Füllmasse lagenweise abwechselnd eingeschichtet. Alle diese Gerichte können auf den Automatikplatten in einem Topf oder in einer Deckelpfanne gegart werden.

Reis – mal so, mal so

Auf der Insel Bali glauben die Menschen, daß am Anfang allen Lebens der Reis war. Für Dewi Siri, die Göttin des Reisbaus, wird getanzt, und für sie schmücken sich die Mädchen. In China nimmt der Reis einen derart wichtigen Platz ein, daß die Mahlzeit »die Stunde des Reises« genannt wird.
Wenn wir es auch nicht dem Küchenchef von Schanghai nachtun können, der Reis auf 120 Arten zuzubereiten wußte, so können wir doch wenigstens einige Rezepte bringen, die sich nach Belieben abwandeln lassen.

Je Person rechnen Sie:
40 g Reis als Beigabe, das sind etwa zwei Eßlöffel Reis,
60 g Reis für ein Hauptgericht, Eintopf usw., das ist etwa eine halbe Tasse Reis,
50 g Reis ist die Einkochmenge für etwa 1 l Suppe, das sind etwa zwei Eßlöffel Reis. Das Verhältnis von Reis und Flüssigkeit soll 1:2 betragen, d. h., eine Tasse Reis läßt man mit zwei Tassen Flüssigkeit quellen.

Langkornreis
oder Patnareis ist 6 bis 8 mm lang, schmal, langkörnig und glasig und geeignet für Reis als Beilage. Gequollener Langkornreis ist von lockerer, trockener, körniger Beschaffenheit.

Bruchreis
hat gebrochene Körnchen, ist preiswerter und eignet sich für Aufläufe und Füllungen.

Rundkornreis oder Milchreis
ist 4 bis 6 mm lang. Rundkornreis hat rundliche, kleine, milchigweiße Körner und wird für Suppen und alle Milchreisgerichte verwendet.

Schnellkochender Reis ist porös, spröde und bricht leicht. Garzeit beträgt nur 3 bis 5 Minuten.

Die »Schnelle Küche« hat der Reis längst erobert. In kürzester Zeit kann mit »Reiskochbeuteln« ohne großen Topfaufwand jedes Reisgericht zubereitet werden.

Einstellbereiche für die Automatikplatten:

Schaltung für die anderen Kochplatten:
Ankochen auf Schaltstufe 3,
Fortkochen auf Schaltstufe 1
bei größeren Mengen Zwischenschaltstufe 2;
bei kleineren Mengen Zwischenschaltstufe 1

Schaltung für Kochplatten mit stufenloser Einstellung (Energieregler)

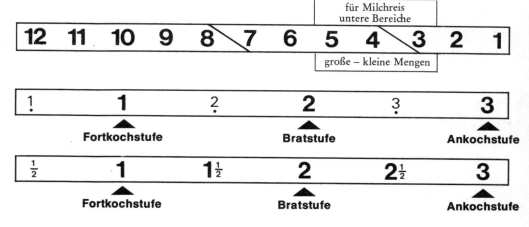

Reis

20 bis 30 g Fett
250 g Reis (Langkorn)
(etwa 1½ Tassen)

3 Tassen heiße Brühe

Fett zerlassen und den verlesenen Reis darin schwenken, bis alle Körnchen schön glänzend sind. Die Flüssigkeit aufgießen und nach dem Aufkochen ganz langsam, ohne zu rühren, bei milder Hitze zugedeckt ausquellen lassen.
Garzeit: etwa 20 bis 30 Minuten

Leberreis

250 g Reis (Langkorn)
2 Zwiebeln
6 Eßlöffel Öl
1 Eßlöffel Tomatenmark
¾ l Brühe (Würfel)

400 g Schweine- oder
Kalbsleber
Salz, Majoran
3 Eßlöffel Mehl

Reis verlesen, in einem Tuch abreiben. Zwiebeln schälen, fein schneiden und in der Hälfte des erhitzten Öls lichtgelb dünsten, Reis und Tomatenmark hinzufügen und das Ganze kurz durchdünsten. Heiße Brühe angießen und den Reis bei mittlerer Hitze zugedeckt ausquellen lassen. Leber häuten, waschen, abtrocknen, würfeln, in dem mit Salz vermischten Mehl wenden und in dem restlichen Öl braten. Leber unter den Reis mischen und mit reichlich Salat zu Tisch geben.
Garzeit: etwa 30 Minuten

Geflügelrisotto

1½ Tassen Reis
40 g Fett
das kleingeschnittene,
gekochte Fleisch von Hals,
Flügel, Magen

1 kl. Packung Gefriererbsen
3 Tassen Brühe
–
Leber
Salz, Pfeffer, Muskat
1 Dose Pilze (200 g)
1 Eßlöffel Petersilie

Verlesenen, trockenen Reis in zerlassenem Fett andünsten, mit allen übrigen Zutaten vermengen, mit Brühe aufgießen und langsam fertig garen. Vor Garzeitende kleingeschnittene Leber hinzufügen. Zum Anrichten mit einer Gabel Gewürze, Dosenpilze und feingehackte Petersilie unterziehen.
Garzeit: etwa 25 bis 35 Minuten

Reiskroketten

250 g Reis (Langkorn)
40 bis 65 g Fett
¾ l Brühe (Würfel)
3 Eigelb
100 g gekochter Schinken
50 g Reibkäse

Salz, Pfeffer, Muskat
–
1 Ei
Semmelbrösel
–
Ausbackfett

Reis verlesen, in einem Tuch abreiben und in zerlassenem Fett lichtgelb dünsten, heiße Brühe oder Salzwasser angießen und das Ganze zugedeckt bei milder Hitze ausquellen lassen. Den etwas abgekühlten Reis mit verquirltem Eigelb, geriebenem Käse und gewürfeltem Schinken mischen, abschmecken und die Masse gut 1 cm dick auf ein Brett streichen. Den abgekühlten Reis in Quadrate schneiden, diese zu fingerlangen Kroketten formen, zuerst in verschlagenem Ei, dann in Semmelbröseln wenden und in heißem Fett von allen Seiten goldbraun braten. Zu grünem Salat reichen.
Garzeit: etwa 20 bis 30 Minuten ● *Bratzeit: etwa 8 bis 10 Minuten*

Sahnereistimbale

100 g Rundkornreis	1 Vanillezucker
½ l Milch	–
1 Prise Salz	2 Eßlöffel Arrak
1 Vanilleschote	Saft einer Apfelsine
½ abgeriebene Apfelsinenschale	8 Blätter weiße Gelatine
	¼ l Schlagsahne
50 g Zucker	1 Eßlöffel Zucker

Reis blanchieren, in der Milch mit Vanilleschote, dem ausgeschabten Mark, Salz und Gewürzen langsam körnig quellen lassen. Den heißen Reis mit Apfelsinensaft, Arrak und kalt eingeweichter, ausgedrückter Gelatine gut mischen, abschmecken und kalt stellen. Beginnt der Reis zu gelieren, steife Schlagsahne hinzufügen, das Ganze in eine kalt ausgespülte Timbalenform drücken und fest werden lassen. Vor dem Anrichten Reistimbale stürzen und mit Apfelsinenscheiben und einem Schlagsahnerest garnieren. Kalt zu Tisch geben.

Garzeit: etwa 30 Minuten

Ein guter Rat: Timbalenform einige Sekunden in heißes Wasser tauchen, der Reis läßt sich dann sofort stürzen. Haben Sie keine Timbalenform, verwenden Sie eine runde Porzellanschüssel, eine Eislade oder Kastenform.

Reisbrei

1½ l Milch	300 g Rundkornreis
30 g Fett	50 g Rosinen
1 Vanillezucker	Zucker, Zimt
Zitronenschale, abgerieben	50 g Butter oder Kompott
1 Prise Salz	oder Weinschaumsoße

Milch mit Fett und Gewürzen zum Kochen bringen, Reis mit gut gewaschenen Rosinen einstreuen und langsam ausquellen lassen. Nach Belieben mit brauner Butter, Zucker und Zimt oder Kompott servieren. Der Brei kann auch kalt mit einer Weinschaumsoße als Nachtisch gereicht werden.

Ein guter Rat: Der Brei und auch die Weinschaumsoße gelingen Ihnen besonders gut auf der Automatikplatte.

Garzeit: etwa 40 Minuten

Reisauflauf mit Rhabarber

¾ l Milch	3 Eßlöffel Dosenmilch
1 Prise Salz	250 g Rhabarber
20 g Fett	3 Eischnee
etwas Zitronenschale	–
125 g Rundkornreis	Semmelbrösel
–	Zucker
3 Eigelb	Fettflöckchen
120 g Zucker	

Milch mit Gewürzen, Fett und einem Stück Zitronenschale aufkochen, Reis einstreuen, ausquellen und abkühlen lassen. Inzwischen Eigelb und Zucker schaumig schlagen, Milch hinzufügen und vorbereiteten, in dünne Scheiben geschnittenen Rhabarber mit Reis löffelweise unterrühren. Eischnee vorsichtig unterheben. Masse in eine gefettete, feuerfeste Form füllen, mit Semmelbröseln und Zucker überstreuen, mit Fettflöckchen belegen.

Garzeit für den Reis: etwa 30 Minuten ● *Einstellung: Normalherd: 200 – 210* ● *Einschubhöhe: Mitte* ● *Backzeit: 35 – 40 Minuten* ● *Heißluftherd: Mitte Bereich*

Anmerkung: Anstelle von Rhabarber kann auch Beeren- oder Steinobst verwendet werden.

Vielseitige Teigwaren

Wenn von Teigwaren die Rede ist, dann eine tiefe Verbeugung vor der italienischen Küche! In dem schlichten Ausdruck »pasta« sind etwa 50 weitere mitenthalten, die die verschiedenen Arten davon bezeichnen. Pasta ißt man zu Beginn der Mahlzeit mit gleicher Freude wie als Hauptgericht und zu allen Tageszeiten. Wenn man dieser hohen Schule nachstrebt, dann kann das nie vorkommen, was Wilhelm Busch erlebte, als er einmal beim Essen beanstandete, »das Sauerkraut sei zuwenig sauer«. Dann aber, aufgeklärt, daß es sich um gezuckerte Nudeln handle, meinte er: »Ach, wenn es gezuckerte Nudeln sind, dann sind sie sauer genug!«

Ihre Nudeln, Makkaroni, Spätzle, Spaghetti und alle anderen Teigwaren geraten natürlich vortrefflich, liebe Hausfrau, wenn Sie sie auf folgende Weise zubereiten:
In reichlich kochendem Salzwasser garen, danach über einem Sieb abgießen und ggf. mit kaltem Wasser abschrecken. Die Teigwaren können dadurch nicht klebrig werden. Man rechnet je Person etwa 100 g Teigwaren als Hauptgericht und 50 bis 60 g als Beigabe.

Sparen Sie Strom! Viele Teigwaren mit kurzen Garzeiten können Sie nach dem sprudelnden Aufkochen auf der ausgeschalteten Kochplatte fertig garen.

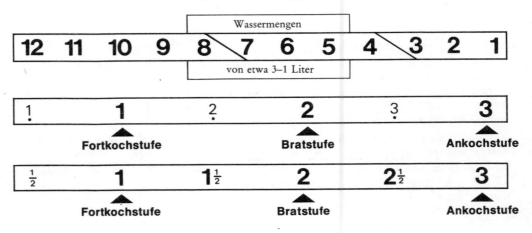

Spaghetti auf italienische Art

Spaghetti in kochendem Salzwasser garen, abseihen und gut abtropfen lassen. Schinkenspeck, Schinken und Zwiebeln fein hacken, mit Hackfleisch und Gewürzen mischen, gut durchschmoren. Mit Spaghetti vermengen und ziehen lassen. Mit Tomatensoße (s. S. 42) und geriebenem Käse servieren. Dazu grünen Salat reichen.

Garzeit: etwa 30 Minuten

2 l Salzwasser
400 g Spaghetti
—
100 g Schinkenspeck
2 Zwiebeln, gehackt
250 g Schinken

150 g Hackfleisch
Salz, Pfeffer, ggf.
1 geriebene Knoblauchzehe
½ Teelöffel Paprikapulver

100 g geriebener Käse

Nudeltopf

Makkaroni in kochendem Salzwasser etwa 20 Minuten garen. Schinken streifig schneiden und mit Zwiebelringen in zerlassenem Fett hellbraun braten. Erbsen abseihen, zum Schinken geben und alles etwa 15 Minuten in geschlossenem Topf ziehen lassen. Zur Eiermilch die Milch mit Käse und Gewürzen unter Rühren einmal aufkochen, mit Eiern legieren. Gequollene Makkaroni abschmecken, in einer heißen Schüssel anrichten, Eiermilch darübergießen, Erbsen-Schinken-Gemisch darauf verteilen und alles miteinander mischen.

Garzeit: etwa 40 Minuten

200 g Makkaroni
1 l Salzwasser
—
200 g gekochter Schinken
2 Zwiebeln
50 g Fett
1 kleine Dose Erbsen

Eiermilch:
¼ l Milch
2 Ecken Schmelzkäse
Salz, Pfeffer
2 Eier

Mexikanische Tortillas

Eier in einer Schüssel verquirlen, Käse, Gewürze und vorgegarte, feingeschnittene Spaghetti hinzufügen. In einer großen Pfanne Speckwürfel auslassen, je zwei Eßlöffel Teigmasse in das Fett geben, glattstreichen und alle Tortillas von beiden Seiten goldbraun backen. Die knusprigen Tortillas sofort mit reichlich grünem Salat zu Tisch geben.

Backzeit: jede Seite 3 bis 4 Minuten

5 Eier
80 g geriebener Käse
Salz und Pfeffer

3 Tassen gekochte Spaghetti
—
100 g Speckwürfel
Schnittlauch

Spätzleteig

Aus den Zutaten mit Quirl und Schlägern einen glatten Teig herstellen. Teig portionsweise in ein Spätzlesieb geben und unter Rühren in kochendes Salzwasser treiben. Spätzle aufsteigen und aufkochen lassen. Mit dem Schaumlöffel herausheben und mit gebräunter Butter, gebräuntem Semmelmehl oder geriebenem Käse anrichten.

Garzeit: etwa 5 bis 8 Minuten

250 g Mehl
2 Eier
gut ⅛ l lauwarmes Wasser
Salz

Der Kartoffelsegen

Karl Valentin, der Münchener Volkssänger und Humorist, lud einmal einen Freund zum Mittagessen ein mit dem Versprechen, es gäbe »Schwarzwild«. Als der hungrige Gast erschien, schüttete Valentin einen Topf Pellkartoffeln auf den Tisch und meinte trocken: »Mein Schwarzwild«. Da der verdutzte Tischgenosse kein Wort hervorbrachte, tröstete ihn Valentin mit den Worten: »Siehst du, jetzt haben wir zwei armen Schlucker wenigstens auch ein paar, denen wir die Haut abziehen können!«

Die Kartoffel ist durch ihre vielen Verwendungsmöglichkeiten, ihre Preiswürdigkeit und nicht zuletzt durch ihren hohen Gehalt an Nähr- und Ergänzungsstoffen eines der beliebtesten Nahrungsmittel.

Kartoffeln gehören mit zu den Nahrungsmitteln, die in den meisten Haushalten eingelagert werden. Lagern Sie jedoch die Kartoffeln nie zu kalt, sie sind frostempfindlich und verändern dann ihren Geschmack.

Speisekartoffeln enthalten reichlich Wasser, Kohlenhydrate, etwas Eiweiß, etwas Fett, Mineralstoffe und die Vitamine A, B_1 und C.

Hinweise für die Zubereitung von Kartoffeln

Man rechnet je Person:
als Hauptgericht 375 bis 500 g, als Beilage etwa 200 bis 300 g (roh und geschält).

Neue Kartoffeln nur mit der Schale garen. Kartoffeln sind noch gehaltvoller, wenn sie mit der Schale im Backofen gegart werden.

Kartoffeln grundsätzlich nur mit wenig Wasser garen.

Kartoffelbrei nicht in einem Aluminiumgefäß schaumig schlagen.

Kartoffelpüree, vorbereitet im Paket, spart Zubereitungszeit und ist beliebig portionierbar.

Einstellbereiche für die Automatikplatten:

Schaltung für die anderen Kochplatten:

Dämpfen und dünsten: Ankochen auf Ankochstufe 3, Umschalten auf Fortkochstufe bzw. Zwischenschaltstufen

In Fett ausbacken: Die ersten Stücke auf Ankochstufe 3, die weiteren Stücke auf Bratstufe 2 bzw. Zwischenstufe 2.

Schaltung für Kochplatten mit stufenloser Einstellung (Energieregler)

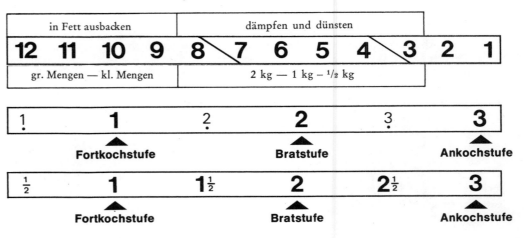

Kartoffeln, gedämpft

Etwa 1 kg Kartoffeln
Salzwasser
Wassermenge: etwa 2 bis 3 cm hoch im Topf
etwas Kümmel

Bei Salz- und Pellkartoffeln:
Die Kartoffeln gut gewaschen (bei Salzkartoffeln geschält) in einen Topf füllen, mit Salzwasser und etwas Kümmel garen. Wasser abgießen und den Topf öffnen.
Garzeit: bei Salzkartoffeln 25 bis 35 Minuten – bei Pellkartoffeln 35 bis 45 Minuten

Kartoffeln im Backofen gegart

Etwa 1 kg Kartoffeln, neu
etwas Salz und ggf. Kümmel

Gewaschene, mit Salz und Kümmel eingeriebenen Kartoffeln auf dem Rost im Backofen backen.
Kartoffeln im Backofen gegart eignen sich besonders für Salate, schmecken gut zu Quark und Butter.
Einstellung: Normalherd: 180 – 200 • Heißluftherd: Mitte bis Ende Bereich
Einschubhöhe: Mitte • Backzeit: 40 – 50 Minuten

Kartoffeln in Alufolie

300 g Kartoffeln
Alufolie

Mittelgroße Kartoffeln waschen, mit Alufolie umwickeln, auf den Rost oder Kuchenblech in den Backofen legen. Die Kartoffeln können auch gleichzeitig mit einem Braten im Backofen gegart werden. Mit der Alufolie servieren. Besonders gut schmeckt eine Quarkkräutersoße dazu.
Einstellung: Normalherd: 180 – 200 • Heißluftherd: Mitte bis Ende Bereich
Einschubhöhe: Mitte • Backzeit: 50 – 60 Minuten

Bratkartoffeln aus gegarten oder rohen Kartoffeln

50 bis 100 g Fett (evtl. Speck) *1 kg Kartoffeln*
1 bis 2 Zwiebeln *Salz, Pfeffer, Kräuter*

Die geschälten und in Scheiben geschnittenen Kartoffeln im heißen Fett mit Zwiebelringen oder -würfeln und nach Belieben Speckwürfeln unter häufigem Wenden gut durchbraten.
Garzeit: bei gekochten Kartoffeln 10 bis 15 Minuten – bei rohen Kartoffeln 25 bis 35 Minuten
Diese Zubereitungsart läßt sich auch im Backofen durchführen.
Einstellung: Normalherd: 210 bis 220 • Heißluftherd: Mitte bis Ende Bereich
Einschubhöhe: Mitte

Himmel und Erde

1 kg Äpfel *etwas Butter*
1/8 l Wasser *Salz und Zucker*
500 g Kartoffeln *Blut- und Leberwurst*
geröstete Zwiebelringe

Äpfel waschen, Stiel und Blüte entfernen, in Wasser weichkochen und durch ein Sieb streichen. Kartoffeln waschen, schälen, kochen, abgießen, mit dem Kartoffelstampfer zerkrümeln oder durch eine Kartoffelpresse geben. Kartoffeln mit Apfelmus mischen und mit Butter, Salz und Zucker abschmecken. Mit gebratener Blut- oder Leberwurst und gerösteten Zwiebelringen zu Tisch geben.

Klöße haben viele Freunde

Friedrich von Württemberg, der erste König seines Landes, verstand es, so viele Klöße im Laufe seines Lebens zu verzehren, daß er seinen Leib mit Riemen zusammenhalten mußte und nicht anders im Wagen fahren konnte, als auf einen Pagen gestützt. Schließlich mußte der Tisch, an dem der Monarch speiste, halbrund ausgesägt werden. Als Freiherr vom Stein einmal auf die Sucht des Königs und ihre sichtbaren Folgen anspielte, meinte Friedrich lachend: »Die Natur zeigt bei mir, wie sich die menschliche Haut ausdehnen läßt.«

Was man auch über die allzu große Vorliebe des Königs für die Klöße denken mag – auf jeden Fall war das keine schlechte Empfehlung für die Klöße selbst. Auch im Menü unserer Tage sind sie nicht nur ein geschätztes Beiwerk zu vielen Braten, sondern ebenso ein Hauptgang.

•

Klöße aus rohem Kartoffelteig formt man mit nassen Händen, aus gekochten Kartoffeln dagegen mit bemehlten Händen.

•

Zum Klößekochen wählt man am zweckmäßigsten einen breiten, flachen Topf. Zunächst kocht man einen Probekloß.

•

Es werden immer nur so viele Klöße in das kochende Salzwasser eingelegt, wie nebeneinander schwimmen können. Sie werden im offenen Topf gegart.

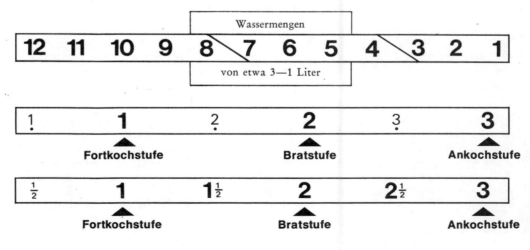

Einstellbereiche für die Automatikplatten:

Schaltung für die anderen Kochplatten:

Ankochen auf Schaltstufe 3,
Fortkochen auf Schaltstufe 1
bei größeren Mengen Zwischenschaltstufe 2;
bei kleineren Mengen Zwischenschaltstufe 1

Schaltung für Kochplatten mit stufenloser Einstellung (Energieregler)

Vorgefertigte Kartoffelklöße verschiedener Art nehmen wegen der schnellen, problemlosen Zubereitung an Beliebtheit zu. Die Zubereitungsanweisungen der Kartoffelfertigprodukte auf den jeweiligen Packungen genauestens lesen, dann kann bei der Zubereitung nichts mißlingen.

Kartoffeln schälen, mit Quirl und Schnitzelgerät (Reibeinsatz) reiben und in einem Leinensäckchen fest auspressen. Grieß in die kochende Milch schütten, Salz und Fett hinzufügen und zu einem Kloß anrühren. Ausgepreßte Kartoffeln und Ei mit Quirl und Knetern untermengen und mit bemehlten Händen Klöße formen. Nach Belieben einige geröstete Semmelbrösel in die Klöße drücken. Klöße in kochendes Wasser einlegen, einmal aufkochen und ziehen lassen.

Garzeit: etwa 15 bis 20 Minuten.

Kartoffelklöße, Thüringer Art

1½ kg Kartoffeln   *50 g Fett*
–   –
¼ l Milch   *1 Ei*
130 g Grieß   *ggf. 1 Semmel*
Salz

Alle gekochten Kartoffeln abziehen und mit Quirl und Schnitzelgerät (Raspeleinsatz) reiben. Semmeln in kleine Würfel schneiden und in heißem Fett goldbraun rösten. Rohe, geschälte Kartoffeln mit Schnitzelgerät (Reibeinsatz) reiben, Masse in ein durchlässiges Säckchen füllen und fest auspressen. Ausgepreßte Kartoffeln mit kochender Milch brühen und mit den gekochten, geriebenen Kartoffeln mischen. Aus dem weichen Teig Knödel formen, in die Mitte geröstete Semmelbröckchen legen, in kochendem Salzwasser einmal aufwallen und ziehen lassen.

Garzeit: etwa 25 Minuten.

Rohe bayerische Kartoffelknödel

1½ kg rohe Kartoffeln   *reichlich ¼ l Milch*
500 g gekochte Kartoffeln –
                             20 g Fett
                             2 altbackene Semmeln
                             Salz

Hefeklöße

500 g griffiges Mehl
1 Prise Salz
20 g Hefe
1 Ei
⅛ l Milch
Alle Zutaten
lauwarm verarbeiten!

Veränderung:
Der gleiche Teig kann für gefüllte Hefeklöße verwendet werden;
Füllung z. B. mit Kirschen, Pflaumen usw.

Hefeteig wie auf Seite 114 angegeben zubereiten. Aus dem Teig mit bemehlten Händen Klöße oder Rollen formen, diese auf ein bemehltes Brett legen, mit einem Tuch zudecken und vor dem Garen nochmals kurz warm stellen. Klöße in kochendes Salzwasser einlegen und bei geschlossenem Topf langsam fertig garen. Vor dem Anrichten Klöße mit zwei Gabeln aufreißen und mit brauner Butter zu Tisch geben.

Garzeit: je nach Größe der Klöße etwa 20 bis 30 Minuten

Böhmische Hefe-Semmel-Knödel

Zutaten wie »Hefeklöße«

2 Semmeln
1 Eßlöffel Kräuter

Arbeitsweise wie bei »Hefeklößen«. Die in Würfel geschnittenen Semmeln mit feingehackten Kräutern unter den Teig mengen, daraus 2 Rollen formen.

Garzeit: etwa 30 Minuten

Grießklöße, süß oder salzig

¾ l Milch
2 Eßlöffel Fett
etwas Salz
1 Vanillezucker

250 g Hartweizengrieß
2 Eier

nach Belieben Semmelbröckchen oder Reibkäse oder geschmälzte Semmelbrösel

Milch, Fett und Salz mit Vanillezucker zum Kochen bringen, Grieß unter Schlagen einstreuen und quellen lassen, bis der Brei dick ist und sich vom Topfboden löst. Masse etwas abkühlen lassen, Eier unterrühren. Inzwischen Semmelbröckchen rösten. Aus der Grießmasse mit feuchten Händen Klöße formen, in die Mitte Bröckchen geben. Klöße in kochendes Salzwasser einlegen und etwa 10 Minuten leise wallend kochen lassen.

Garzeit: Brei etwa 10 Minuten

Die Grießklöße 1. mit rohem oder gekochtem Obst
2. mit brauner Butter und gerösteten Semmelbröseln oder
3. mit Tomaten- oder Kräutersoße reichen, Rezept Seite 42.

Aufläufe – mit Phantasie gemischt

Auflauf läßt sich zu fast allen Gelegenheiten und zu allen Jahreszeiten zubereiten. Die Hausfrau schätzt ihn zur Verwendung ihrer Reste und bringt statt eines weniger beliebten »aufgewärmten« Essens ein vollkommen verwandeltes Gericht auf den Tisch. Zeigt der Kalender ein vorgeschrittenes Datum, wird der Auflauf zur willkommenen Abwechslung im Speisezettel. Auch ein verwöhnter Gaumen wird nicht merken, daß es vielleicht nur ein »Verlegenheitsessen« ist. Wir bringen Ihnen einige Anregungen für die Zubereitung von Auflauf. Aber je nach Geschmack, Jahreszeit und Geldbeutel bleibt es Ihnen überlassen, aus frischen oder gekochten Nahrungsmitteln einen Gratin zu bereiten.

●

Auflauf in einer feuerfesten Form aus Jenaer Glas, Steingut oder Porzellan überbacken.

●

Aufläufe mit gegarten Zutaten – z. B. Resten – etwa 20 Minuten bei starker Hitze überbacken. Aufläufe aus halbgaren Zutaten benötigen etwa 30 bis 40 Minuten Backzeit.

●

Aufläufe von kuchenteigähnlicher Beschaffenheit in etwa 40 bis 50 Minuten bei mittlerer Hitze überbacken.

Fischfilet unter fließendem Wasser abspülen, in etwa 3 cm breite Streifen schneiden, mit Zitronensaft beträufeln, etwas salzen und mit Senf bestreichen. Tomaten waschen, in Scheiben schneiden, etwas salzen und pfeffern. Zwiebeln in dünne Ringe schneiden und in zerlassenem Fett glasigdünsten. Filetstreifen und Tomatenscheiben abwechselnd schuppenförmig in eine gut gefettete Auflaufform legen. Zwiebelringe darübergeben, dick mit Käse bestreuen, mit Fettflöckchen belegen und im vorgeheizten Ofen überbacken.

Einstellung: Normalherd: 220 – 250 ● *Heißluftherd: Mitte bis Ende Bereich*
Einschubhöhe: Mitte ● *Backzeit: 35 – 45 Minuten*

Fischauflauf mit Tomaten

1 kg Fischfilet
etwas Salz und Senf
Zitronensaft

500 g Tomaten
Pfeffer und Salz

3 Zwiebeln
40 g Butter oder Margarine

50 g geriebener Käse
Fettflöckchen

Reiszubereitung auf Seite 52. Den körnigen, gegarten Reis mit Schinkenwürfeln und feingehackten Kräutern vermengen, in eine gefettete Auflaufform füllen, mit gewürzter Eiermilch übergießen, mit Käse und Semmelbröseln bestreuen, mit Fettflöckchen belegen und im vorgeheizten Ofen goldbraun überbacken.

Einstellung: Normalherd: 220 – 250 ● *Heißluftherd: Mitte bis Ende*
Einschubhöhe: Mitte ● *Backzeit: 35 – 45 Minuten*

Schinken-Reisauflauf

250 g Reis
200 g Schinken
1 Eßlöffel Kräuter
3 Eier
⅛ l Milch oder Sahne

Salz, Muskat
50 g geriebener Käse
Semmelbrösel
Fettflöckchen

Quarkauflauf

70 g Fett
150 g Zucker
2 Eigelb
–
1 abgeriebene Zitronenschale
1 Prise Salz
375 g Quark
3 Eßlöffel Milch oder Rahm

80 g Milch
30 g Mandeln, grob gehackt
80 g Rosinen
2 Eischnee
–
500 g Äpfel
Semmelbrösel
Zucker
Fettflöckchen

Alle Zutaten mit Quirl und Schlägern verrühren, zum Schluß Mehl, Mandeln und gewaschene Rosinen hinzufügen und zuletzt den steifen Eischnee unterziehen. Äpfel waschen, schälen, Kerngehäuse ausbohren und die Äpfel in Blättchen schneiden. Quarkmasse abwechselnd mit Apfelscheiben in eine gefettete, feuerfeste Form füllen, mit Semmelbröseln und Zucker bestreuen, mit Fettflöckchen belegen, im vorgeheizten Ofen überbacken.

Einstellung: Normalherd: 200 – 220 ● *Heißluftherd: Mitte bis Ende*
Einschubhöhe: Mitte ● *Backzeit: 30 – 35 Minuten*

Anmerkung: Anstelle von Äpfeln auch Steinobst, Beeren oder Südfrüchte verwenden.

Grießauflauf mit Kirschen

1 l Milch
1 Vanillezucker
etwas Salz
40 g Fett
150 g Grieß
–
2 Eigelb
80 g Zucker

30 g Mandeln, gerieben
2 Eischnee
–
500 g entsteinte Sauerkirschen
Semmelbrösel
Zucker
Fettflöckchen

Milch, Vanillezucker, Salz und Fett aufkochen, Grieß unter Rühren einstreuen, den Grießbrei stromlos auf der heißen Platte etwa 5 Minuten ausquellen lassen und kalt stellen. Inzwischen Eigelb und Zucker schaumig rühren, abgezogene, geriebene Mandeln hinzufügen, löffelweise abgekühlten Grießbrei unterrühren und steifen Eischnee unterziehen. In eine feuerfeste, gefettete Form lagenweise Grießbrei und abgetropfte, entsteinte Kirschen geben. Obenauf mit Semmelbröseln und Zucker bestreuen, mit Fettflöckchen belegen, im vorgeheizten Ofen überbacken.

Einstellung: Normalherd: 200 – 220 ● *Heißluftherd: Mitte bis Ende Bereich*
Einschubhöhe: Mitte ● *Backzeit: 30 – 40 Minuten*

Fleischgerichte – **saftig, aromatisch**

Madame de Sévigné berichtet, wie man nach einer königlichen Jagdpartie in Chantilly speiste. Unerwartete Gäste kamen hinzu, und so reichte das Fleischgericht an einigen Tischen nicht aus. Der Hofmeister rief in großer Erregung: »Ich habe meine Ehre verloren!«, stürzte hinaus und durchbohrte sich mit seinem Degen.

Wesentlich mehr Humor hatte dagegen – hinsichtlich der Wichtigkeit der Fleischgerichte – der Pariser Feinschmecker Reynière. Er ließ bei seinen großen Festessen immer ein lebendiges Schwein präsentieren. Das nannte er »Leben in die Gesellschaft bringen«.

Und die »Moral« von diesen Geschichten für uns? Nun, vielleicht sollten wir unsere lukullischen Probleme weder zu ernst noch zu heiter nehmen. Was nicht besagen will, daß die Delikatesse der Fleischgerichte auch in unserem Speiseplan nicht außerordentlich wichtig wäre. Wird doch oft der Wert einer Mahlzeit nach der Qualität und der Schmackhaftigkeit des Fleisches bemessen!

Doch seien Sie getrost: In Ihrem Elektroherd haben Sie einen guten Helfer für das vorzügliche Gelingen der Fleischgerichte.

Einstellbereiche für die Automatikplatten:

Schaltung für die anderen Kochplatten:

Kochen und dünsten auf Ankochstufe 3, dann umschalten auf Fortkochstufe 1 bzw. Zwischenschaltstufen

Schmoren, anschmoren auf Ankochstufe 3, dann umschalten auf Fortkochstufe 1 bzw. Zwischenschaltstufen

In Fett ausbacken: Die ersten Stücke auf Ankochstufe 3, die weiteren Stücken auf Bratstufe 2

Schaltung für Kochplatten mit stufenloser Einstellung (Energieregler)

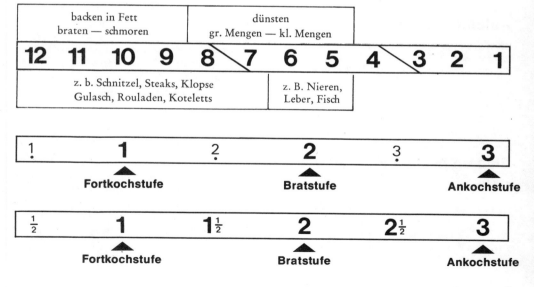

Gekochtes Fleisch

Pot Au Feu

1 kg Markknochen
1 kg Rindfleisch
(Brust, Bug, Schulter)
2 Knoblauchzehen
Pfefferkörner
1 Eßlöffel Meersalz
1 gespickte Zwiebel
1 Teelöffel Thymian
2 l Wasser

300 g Karotten
100 g Teltower Rübchen
2 Stangen Porree
1 Suppengrün
Petersilienwurzel
300 g Weißkohl
–
1 Schuß Kognak

Topf mit geschälten Knoblauchzehen ausreiben, Fleisch und Knochen einlegen, salzen, pfeffern, gespickte Zwiebel und Gewürz zugeben und alles mit kochendem Wasser bedecken. Etwa eine Stunde langsam kochen, abschäumen, dann geputztes Suppengrün, geschälte, nicht zu klein geschnittene Möhren- und Rübenstücke, feinnudelig geschnittenen Kohl und zwei- bis dreimal durchgeschnittene Porreestangen hinzufügen. Nach der Garzeit das Fleisch herausnehmen, in Scheiben schneiden, auf einer vorgewärmten Platte anrichten, mit einem Gläschen Kognak übergießen und das Gemüse um das Fleisch herum verteilen. Kräftige Fleisch-Gemüse-Brühe entfetten, durch ein Sieb gießen, ebenfalls mit einigen Tropfen Kognak abschmecken und kalt oder warm zu Tisch geben.
Garzeit etwa 2 Stunden

Kalbsfrikassee

600 g Kalbfleisch
1 Suppengrün
1 gespickte Zwiebel
1 l Salzwasser
zur Soße:
30 g Fett
40 g Mehl

knapp ½ l Fleischbrühe
mit Milch, 1 Eigelb
1 Glas Weißwein
etwas Zitronensaft
etwas Salz
1 Prise Zucker
ggf. 1 Eßlöffel Kapern
gehackte Petersilie

Geputztes Suppengrün mit gespickter Zwiebel und kaltem Salzwasser zum Kochen bringen, Fleisch einlegen und etwa 1 Stunde kochen. Zur Soße Fett zerlassen, Mehl darüber stäuben, durchschwitzen, unter Rühren mit Kalbfleischbrühe und Milch ablöschen, einmal aufkochen und mit Eigelb legieren. Soße mit allen übrigen Zutaten pikant abschmecken. Fleisch würfeln, in die Soße geben und das Frikassee mit körnig gekochtem Reis und gedünsteten Tomaten zu Tisch geben.
Garzeit: etwa 60 Minuten für das Fleisch, etwa 10 Minuten für die Soße

Eisbein mit Sauerkraut

1 Eisbein von etwa
700 bis 800 g
etwa ¾ l Wasser
–
500 bis 700 g Sauerkraut
1 gespickte Zwiebel

3 Wacholderbeeren
2 saure Äpfel
etwas Salz und Zucker
1 Schuß Weißwein
1 Teelöffel Speisestärke
oder 1 Kartoffel
–
gebratene Zwiebelringe

Eisbein waschen, in Wasser zum Kochen bringen und bei schwacher Temperatur eine gute Stunde kochen. Auseinandergezupftes Sauerkraut hinzugeben. Fleisch auf das Kraut legen und gespickte Zwiebel, Wacholderbeeren sowie geschälte, in Blättchen geschnittene Äpfel hinzufügen. Das Ganze einmal aufkochen und bei milder Hitze fertig garen. Vor dem Anrichten Sauerkraut abschmecken, die Flüssigkeit ggf. mit etwas Speisestärke oder einer roh geriebenen Kartoffel binden, dazu Kartoffel- und Erbspürree mit gebräunten Zwiebelringen reichen.
Garzeit: etwa 2 Stunden

Kohlrouladen
Rezept
siehe Seite 50

Eclairs
Rezept siehe Seite 118

Geschmorte Braten

Fleisch 2 bis 3 Tage in die aufgekochte, erkaltete Beize legen, es muß von der Flüssigkeit ganz bedeckt sein. Speckwürfel zerlassen, Zwiebelwürfel und kleingeschnittenes Suppengrün darin dünsten, das aus der Beize herausgenommene, gut abgetrocknete Fleisch salzen, pfeffern, mit Senf bestreichen und im Speck-Zwiebel-Gemisch allseits anbräunen. Brühe nach und nach hinzugeben und das Fleisch kräftig schmoren. Topf schließen und den Braten mit den Gewürzen aus der Beize fertig garen. Nach der Garzeit den Braten etwa 10 Minuten ruhen lassen, Bratensatz durch ein Sieb gießen, mit der mit Mehl verrührten Sahne kurz aufkochen und abschmecken.

Bratzeit: etwa 90 bis 120 Minuten

Sauerbraten

1 kg Rindfleisch ohne Knochen

Beize:	Soße:
¾ l Wasser	40 g Speck, gewürfelt
¼ l Essig	1 große Zwiebel
1 Lorbeerblatt	1 Suppengrün
Pfefferkörner	Salz, Pfeffer, Senf
Nelken	¼ l Brühe, Wasser
Wacholderbeeren	–
Zwiebelringe	1 Eßlöffel Mehl
1 Möhre	⅛ l saure Sahne

Fleisch von allen Seiten etwas salzen und pfeffern. Fett erhitzen, Fleisch allseitig gut anbraten, kleingeschnittene Zwiebeln, geputztes, gehacktes Suppengrün hinzugeben und gut durchschmoren. Nach Belieben mit Mehl bestäuben, lauwarme Brühe zugeben, Topf schließen und das Fleisch fertig garen. Nach der Garzeit Fleisch 10 Minuten ruhen lassen, Bratensatz durch ein Sieb streichen, zu ¼ l Flüssigkeit auffüllen, ggf. mit kalt angerührtem Mehl binden, aufkochen und je nach Geschmack mit Sahne oder Wein abschmecken.

Bratzeit: etwa 90 bis 120 Minuten

Ein guter Rat: Bei Rinderschmorbraten das Fleisch mit Senf bestreichen, es wird mürber. Kalbsschmorbraten mit Speck anbraten, es verfeinert den Geschmack. Schweineschmorbraten mit Kümmel und Majoran würzen, es ist bekömmlicher und verfeinert den Geschmack. Hammelschmorbraten mit zerriebenem Knoblauch einreiben, es ist gesundheitsfördernd und überdeckt den arteigenen Hammelgeschmack.

Schmorbraten

Grundrezept für Rinder-, Hammel-, Kalbs- und Schweineschmorbraten

1 kg Fleisch nach Wahl	1 bis 2 Zwiebeln
Salz und Pfeffer	1 Suppengrün
wenn gewünscht,	ggf. 1 Eßlöffel Mehl
Kümmel, Senf, Majoran	⅛ bis ¼ l Brühe
oder Knoblauch	–
2 Eßlöffel Fett	⅛ bis ¹⁄₁₆ l Sahne oder Wein

Fleischtabelle mit Einteilung in Qualität und Anwendungsbereiche

Fleischsorten		Qualität I	Qualität II	Qualität III	Innereien
Vom Rind	Zum Kochen	Hüfte	Wadschenkel	Schwanz, Füße, Kopf	Zunge, Herz, Lunge, Milz, Leber, Magen
	Zum Braten	Lende, Filet, Hüfte flaches Roastbeef	Blume, Schwanzstück, Brust, Bauch, Schenkel, hohe Rippe, Schulter, Nackenstück, Stich, Querrippe, Bug, Hals	Euter	Leber, Nieren
	Zum Schmoren	Hüfte		Schwanz, Füße, Kopf, Euter	Leber, Nieren, Herz
	Zum Grillen	Lende, Filet, flaches Roastbeef			Leber, Nieren
Vom Kalb	Zum Kochen		Haxen	Füße, Schwanz	Nieren, Leber, Zunge
	Zum Braten	Filet, Lende, Karree Nierenstück	hohe Rippe, Keule, Schlegel, Nuß, Schulter, Vorderblatt, Kalbskopf, Brustspitz	Füße, Schwanz	Nieren, Leber, Hirn, Zunge, Herz
	Zum Schmoren	Filet, Lende, Karree Nierenstück		Füße, Schwanz	Nieren, Leber, Hirn, Zunge, Herz
	Zum Grillen	Filet, Lende, Karree, Nierenstück		Füße, Stelzen	Nieren, Leber, Herz
Vom Schwein	Zum Kochen			Brust, Bauch, Kopf, Füße, Waden	Leber, Lunge
	Zum Braten	Filet, Lende	Schinken, Karree, Bug, Nackenstück, Kotelett, Hals, Kamm, Schulter, Vorderschinken	Brust, Bauch, Wamme	Leber, Nieren, Herz, Hirn
	Zum Schmoren	Filet, Lende		Brust, Bauch, Wamme	Hirn, Leber, Nieren, Herz
	Zum Grillen	Filet, Lende		Füße, Stelzen	Leber, Nieren

Vom Rind
1 Lende, Filet
2 flaches Roastbeef
3 Hüfte, Rosenspitz
4 Blume
5 Schwanzstück, äußere Rose
6 Brust, Bauch
7 hohe Rippe, Kamm
8 Querrippe
9 Bug
10 Schulter
11 Hals
12 Stich
13 Schenkel
14 Kopf

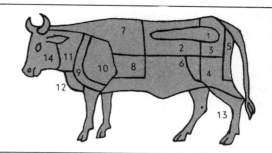

Vom Kalb
1 Filet, Lende
2 Kotelett, Kamm, Nierenstück
3 hohe Rippe, Nacken
4 Schulter, Vorderblatt, Bug
5 Brustspitz
6 Keule, Schlegel
7 Nuß
8 Bauch
9 Haxen
10 Kopf

Vom Schwein
1 Filet, Lende
2 Schlegel, Schinken
3 Karree, Kotelett, Rücken
4 Brust, Bauch, Wamme
5 Kamm, Hals, Nackenstück
6 Schulter, Bug, Vorderkeule, Vorderschinken
7 Kopf, Backe, Ohren, Schnauze
8 Haxen, Stelzen, Eisbein

Möglichkeiten, einen saftigen Braten im elektrischen Back- und Bratofen zu bereiten

1. Braten offen auf dem Rost oder in einem offenen Bratentopf.

Der Braten – frisch oder aufgetaut – wird gewürzt und eventuell mit Fett oder Speck belegt auf den Rost oder in den Topf gelegt. Zutaten wie Zwiebeln, Tomaten gleich dazugeben. Einstellung siehe Seite 69.

2. Braten im geschlossenen Gefäß.

Der Braten – frisch oder gefroren – wird gewürzt, eventuell mit Fett oder Speck belegt in den Topf gegeben, wenig Wasser sowie Zutaten, wie z. B. Zwiebeln, Tomaten, Möhren zugefügt. Der Topf wird mit passendem Deckel geschlossen. Der Braten ist bei richtiger Temperatureinstellung nach der angegebenen Zeit braun und gar. Die Soße läßt sich in dem Topf einfach zubereiten. Der Backofen bleibt sauber! Einstellungen siehe Seite 69.

3. Braten im geschlossenen Topf mit Bratautomatik.

Nur bei Herden mit original Bratautomatik möglich. Der Braten wird behandelt wie beim Braten im geschlossenen Gefäß. Die Einstellung erfolgt auf einer Skala nach Fleischgewicht. Besondere Hinweise siehe Seiten 70/71.

Für den Back- und Bratofen

Roastbeef

1 kg Roastbeef
Salz, Pfeffer
etwa ⅛ l Wasser oder Brühe
1 Zwiebel

Lorbeerblatt
Nelken
Suppengrün
–
je nach Wunsch etwas Brühe oder Wasser zur Soße

Dem gut abgehangenen Roastbeef die Haut leicht einritzen, salzen, pfeffern und im vorgeheizten Ofen mit Zwiebeln, Gewürzen und dem Suppengrün braten. Wasser oder Brühe angießen. Für die Soße den Bratenfond mit etwas Brühe aufgießen, abschmecken und durchseihen.

Einstellung: Normalherd 230 – 250 ● *Heißluftherd Ende Bereich* 🍞
Einschubhöhe Mitte ● Bratzeit 25 – 35 Minuten

Anmerkung: Als Bratgeschirr eignen sich ein flacher Topf, Fleischbräter und feuerfeste Formen aus Glas oder Ton.

Rinderbraten (Filet, Lende)

1 kg Rindfleisch
(Roastbeef, Lende, Filet)
Salz, Pfeffer, Senf
etwa ⅛ l Wasser

100 g Speck
1 Zwiebel
1 Suppengrün
–
⅛ l Sahne

Das gut abgehangene Fleisch würzen, mit Senf einreiben, mit Speck umwickeln oder spicken. Weitere Zubereitung siehe »Roastbeef«.

Einstellung: Normalherd 230 – 250 ● *Heißluftherd Ende Bereich* 🍞
Einschubhöhe Mitte ● Bratzeit 30 – 40 Minuten

Anmerkung: Wollen Sie eine gebundene Soße haben, so rühren Sie etwa ½ Eßlöffel voll Mehl mit etwas kaltem Wasser oder Sahne an und kochen es in der Soße kurz auf.

Ungarischer Paprikabraten

1 kg von den Knochen gelöster Schweinerücken
100 g Speck
1 mit Salz zerriebene Knoblauchzehe
Paprikapulver

1 Suppengrün
Knochen
¼ l Wasser
Soße:
Bratensatz
⅛ l Sahne, nach Bedarf noch etwas heiße Brühe

In das Fleisch der Länge nach etwa 1 bis 2 cm tiefe Rillen schneiden. Den in Streifen geschnittenen Speck mit zerriebenem Knoblauch bestreichen, in Paprika wälzen, in die eingeschnittenen Fleischrillen legen. Damit der Speck nicht herausfällt, das Fleischstück mit einem gebrühten Faden umwickeln. In einen Topf das geputzte kleingeschnittene Suppengrün sowie ggf. Knochen und Wasser geben. Das Fleisch hineingeben und im vorgeheizten Ofen braten. Für die Soße den Braten herausnehmen, etwa 10 Minuten ruhen lassen, Bratenfond mit Brühe aufgießen, durchseihen und mit Sahne abschmecken.

Einstellung: 1. Nicht abgedeckt auf dem Rost oder in einem Bratgeschirr ohne Deckel
Normalherd: 220   Einschubhöhe: Mitte   Bratzeit: 90 – 100 Minuten
Heißluftherd: Ende Bereich 🐷   Einschubhöhe: Mitte   Bratzeit: 120 – 130 Minuten
Einstellung: 2. In einem Bratgeschirr mit Deckel
Normalherd: 240 – 250   Einschubhöhe: Mitte   Bratzeit: 90 – 120 Minuten
Heißluftherd: Ende Bereich 🍞   Einschubhöhe: Mitte   Bratzeit: 90 – 120 Minuten

---

Kalbsbraten mit Orangen
(Kalbsnierenbraten)

1 kg Kalbfleisch nach Belieben
(Nierenstück)
40 g Fett
Salz, Pfeffer, Muskat
–
⅛ l heiße Brühe

2 Möhren
Suppengrün
Soße:
1 Glas Weinbrand
2 Orangen
Schale von ½ Orange
⅛ l Wein
ggf. ⅛ l saure Sahne

Fleisch würzen, mit flüssiger Butter bestreichen. In einen Topf ⅛ l Brühe, das geputzte, kleingeschnittene Suppengrün und geschnittene Möhren geben. In den vorgeheizten Ofen einschieben und braten. 10 Minuten bevor der Braten fertig ist, mit Weinbrand übergießen, hoch einschieben und nochmals kurz braten. Bratenfond durch ein Sieb streichen, mit Saft von 2 Orangen und geriebener Schale von ½ Orange sowie dem Wein vermischen und nochmals erhitzen. Ist eine milde Geschmacksrichtung erwünscht, gibt man statt der Orangen und des Weines ⅛ l Sahne zu der Soße.

Einstellung: siehe Ungarischer Paprikabraten

Der Braten kann mit Kartoffelbrei angerichtet und mit halbierten Orangenscheiben garniert werden.

Für die Bratautomatik

Tips für die Praxis
(Anwendbar bei Herden mit Bratautomatik – BAK)

Die Bratautomatik ist das Ergebnis einer langen Entwicklung mit vielen Versuchen. Besonders geeignet ist dieses Verfahren für eine breite Skala von Fleischgerichten. Nachfolgende Rezeptsammlung soll Ihnen einige Anregungen geben.
Gefrorenes Fleisch kann ohne vorheriges Anoder Auftauen zubereitet werden. Dafür die entsprechende Einstellung beachten!

Natürlich haben Fleischart – mageres Rindfleisch oder fettes Schweinefleisch, Bratgeschirr – feuerfestes Glas oder dunkle Emaillekasserolle, großer oder kleiner Bratentopf – einen Einfluß auf die Bräunung von Braten und Bratenfond. Auch die Menge des Bratenfonds hängt von diesen Faktoren ab.
Das Bratergebnis kann man durch Wasserzugabe nach eigenem Geschmack bestimmen.

Dunkle Emailleformen, größere Geschirre und mageres Fleisch erfordern eine größere Wasserzugabe, kleinere Kasserollen und fettes Fleisch eine geringere Wassermenge.
Die Wasserzugabe sollte zwischen $1/8$ und $3/8$ Liter betragen, so daß der Boden des Bratgeschirrs etwa $1/2$ bis 1 cm hoch bedeckt ist. Lediglich bei feuerfesten Formen aus Glas oder Ton genügen im allgemeinen 2 bis 4 Eßlöffel Wasser.

Sauerbraten

1 kg Rindfleisch ohne Knochen
Beize:
$1/4$ l Rotwein
$1/4$ l Wasser
$3/8$ l Essig
4 bis 5 zerdrückte Wacholderbeeren,
1 Lorbeerblatt,
1 Nelke
Zwiebelscheiben

Speckscheiben, Pfeffer, Thymian
Wasser für das Bratgeschirr lt. »Tips für die Praxis«
Soße:
Wasser mit Beize gemischt
Mehl, Salz, Pfeffer

Zutaten zur Beize aufkochen und abkühlen lassen. Fleischstück in einen Topf legen, mit der Beize übergießen und 2 bis 3 Tage darin ziehen lassen. Ist das Fleischstück nicht völlig von der Beize bedeckt, jeden Tag wenden.

Wassermenge lt. »Tips für die Praxis« durch Beize ersetzen und in das Bratgeschirr gießen.

Bratgeschirr mit der Hälfte der Speckscheiben auslegen, darauf den nassen Sauerbraten geben und mit Pfeffer und Thymian bestreuen. Auf die Oberfläche die restlichen Speckscheiben legen. Bratgeschirr mit passendem Deckel schließen und in den kalten Backofen setzen.

Zubehörträger 2. Einschubhöhe ● Einstellung Bratautomatik: kg-Gewicht Rindfleisch (13) ● Bratzeit: 3 Stunden.

Zur Soßenzubereitung den konzentrierten Bratensatz mit Flüssigkeit auffüllen und mit in kalter Flüssigkeit angerührtem Mehl binden. Soße einmal aufkochen und abschmecken.

Die Einstellungsanleitung des jeweiligen Herdes beachten. Entweder wird auf einer Skala direkt die Fleischart und Menge eingestellt oder eine Zahl zwischen 1 und 27 gewählt. Den Hinweis auf die richtige Einstellungszahl gibt eine Wählscheibe, die dem Herd beiliegt (siehe nebenstehende Abbildung).

Die Bratzeit beträgt im allgemeinen 3 Stunden. Kleinere Fleischstücke – bis etwa 1 kg – von zarter Beschaffenheit sind schon früher gar und bleiben kerniger, wenn sie bis zu einer Stunde früher entnommen werden. Größere Fleischstücke – über 2 kg – erfordern eine längere Garzeit (3 – 4 Stunden). Mit der Zeitschaltautomatik kann der Bratautomatikvorgang zusätzlich vollautomatisch ein- und ausgeschaltet werden.

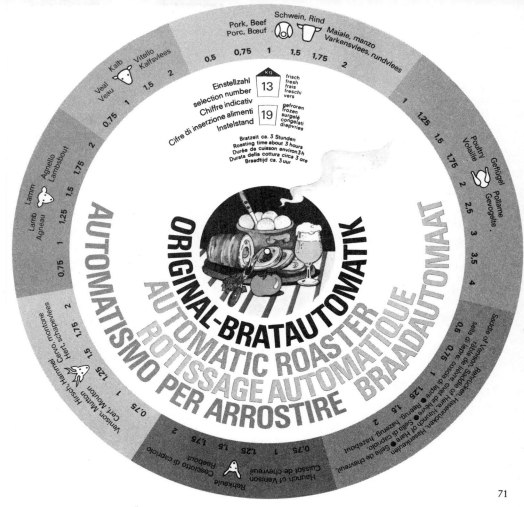

Schweinskeule mit Schwarte

2 kg Schweinefleisch aus
Keule oder Schulter, ohne
Knochen
1 Teelöffel Majoran
1 Teelöffel Coriander
1/2 Teelöffel Cayennepfeffer
1/2 Teelöffel Zwiebelpulver
10 Nelken
3/8 l Brühe

Zur Soße:
Brühe, Stärkemehl
Salz, Pfeffer

Die Schwarte mit der Fettschicht am besten vom Metzger in kleinem Karomuster einschneiden lassen.

Majoran in Handfläche oder Mörser zerreiben, mit den anderen Gewürzen (ohne Nelken) mischen und in das Fleisch einreiben. Die Nelken verteilt in die Einschnitte der Schwarte drücken. In das Bratgeschirr die Brühe gießen und das Fleisch einlegen. Bratgeschirr mit Deckel schließen und in den kalten Backofen schieben.

Zubehörträger 2. Einschubhöhe ● *Einstellung Bratautomatik: 23* ● *Bratzeit: bis 3 Stunden*

Zur Soßenbereitung den Bratensatz mit der Brühe auffüllen und die Soße mit Stärkemehl binden und abschmecken.

Beigabe: Grünkohl, Rohe Kartoffelklöße.

Schweinshaxen

6 Schweinshaxenstücke
von je etwa 200 g
1 große Zwiebel
1 Teelöffel Coriander
Salz, schwarzen Pfeffer
1 Teelöffel Kümmel
4 Eßlöffel Instant Würfelbrühe

Zur Soße:
Würfelbrühe, gegebenenfalls Stärkemehl
Salz, Pfeffer

Die Zwiebel schälen, in dicke Scheiben schneiden und auf den Boden des Bratgeschirrs legen. Die Haxenstücke mit den gemischten Gewürzen einreiben und schuppenartig auf die Zwiebelscheiben legen. Zwischen jede Fleischscheibe etwas Kümmel streuen. Die Brühe angießen, Bratgeschirr mit Deckel schließen und in den kalten Backofen einschieben.

Zubehörträger 2. Einschubhöhe ● *Einstellung Bratautomatik: 16* ● *Bratzeit: bis 3 Stunden*

Zur Soßenbereitung den Bratensatz mit Brühe auffüllen und gegebenenfalls mit Stärkemehl binden und abschmecken.

Beigabe: Sauerkrautsalat, Semmelknödel

Gefüllter Schweinenacken nach Pommern-Art

1,25 kg Schweinenacken
30 g Aprikosen
60 g Diätbackpflaumen
1 Teelöffel Majoran
1 Teelöffel Bohnenkraut
1/2 Teelöffel Ingwer
1/2 Teelöffel Salbei
1/2 Teelöffel Paprika
Alufolie
6 Eßlöffel Weißwein

Zur Soße:
Würfelbrühe
Aprikosensaft
Stärkemehl
Weißwein, Salz

Aprikosen am Vortag einweichen. Diätbackpflaumen sind entsteint und brauchen nicht eingeweicht zu werden.

Das Fleischstück von einer Schnittfläche aus so einschneiden, daß eine tiefe Tasche entsteht. Nicht pulverisierte Gewürze in der Handfläche oder im Mörser zerreiben, mit den restlichen Gewürzen mischen und das Fleisch innen und außen damit einreiben. Die Fleischtasche im Wechsel mit Backpflaumen und den abgetropften Aprikosen füllen (Aprikosenwasser zur Soßenbereitung aufheben!). Die Fleischtasche mit Zwirnsfaden zunähen.

Boden und Rand des Bratgeschirrs mit Alufolie auslegen, darauf den Schweinenacken geben und den Weißwein angießen. Bratgeschirr mit Deckel schließen und in den kalten Backofen schieben.

Zubehörträger 2. Einschubhöhe ● Einstellung Bratautomatik: 16 ● Bratzeit: bis 3 Stunden

Zur Soßenbereitung die Alufolie anheben und über dem Bratgeschirr mit etwas heißem Wasser abspülen. Je nach gewünschter Soßenfarbe mehr oder weniger von dem dunkelbraunen Satz an der Folie mitverwenden. Die Soße in einen Kochtopf umfüllen, mit Brühe auffüllen, den Aprikosensaft hinzufügen und mit Stärkemehl binden und abschmecken.

Beigabe: Apfelkompott, Pellkartoffeln.

Schweinebraten gewürzt nach Schweizer Art

Schweinefleisch 1,5 kg
1 Teelöffel Thymian
1/2 Teelöffel Majoran
1/2 Teelöffel Beifuß
1/2 Teelöffel Basilikum
1/2 Teelöffel Oregano
1/2 Teelöffel Estragon
1/2 Teelöffel Rosmarin
1/2 Teelöffel Paprika
1/2 Teelöffel Cayenne-Pfeffer
1/2 Teelöffel Zwiebelsalz
1/4 l Würfelbrühe

Zur Soße:
Brühe
„Instant Bratensaft"
Stärkemehl
Salz

Nicht pulverisierte Gewürze in der Handfläche oder im Mörser zerreiben. Alle Gewürze mischen und das Fleisch damit einreiben. Die Würfelbrühe in das Bratgeschirr gießen und das Fleisch einlegen. Bratgeschirr mit Deckel schließen und in den kalten Backofen schieben.

Zubehörträger 2. Einschubhöhe ● Einstellung Bratautomatik: 18 ● Bratzeit: bis 3 Stunden

Zur Soßenbereitung Bratensatz mit Brühe auffüllen. „Bratensaft" hinzufügen, durchrühren und die Soße mit Stärkemehl binden und mit Salz abschmecken.

Beigabe: Rosenkohl, Semmelknödel

Kalbshaxe

1 Kalbshaxe (1 bis 2 kg)
Salz, Paprikapulver oder
Pfeffer
einige Speckscheiben
Wasser für das Bratgeschirr lt. »Tips für die Praxis«

Soße:
Wasser oder Brühe
Mehl oder 1 Beutel
Bratensoße
ggf. Salz und Paprikapulver

Die Kalbshaxe würzen.

Wassermenge lt. »Tips für die Praxis« in das Bratgeschirr gießen.

Bratgeschirr mit der Hälfte der Speckscheiben auslegen, darauf die gewürzte Kalbshaxe geben und mit den restlichen Speckscheiben belegen. Bratgeschirr mit passendem Deckel schließen und in den kalten Backofen setzen.

Zubehörträger 2. Einschubhöhe ● *Einstellung Bratautomatik: kg-Gewicht Kalbfleisch (14 bzw. 20)* ● *Bratzeit: 3 Stunden.*

Zur Soßenzubereitung den konzentrierten Bratensatz mit Flüssigkeit auffüllen und mit kalt angerührtem Mehl binden. Soße einmal aufkochen und abschmecken. Bei Verwendung von Bratensoße aus dem Beutel diese nach Vorschrift zubereiten.

Kalbsbraten mit Champignons

1 kg Kalbfleisch (Keule)
Salz,
Paprikapulver
60 g Speckscheiben oder
4 Eßlöffel Öl
Wasser für das Bratgeschirr lt. »Tips für die Praxis«

Soße:
1 Dose Champignons
Wasser oder Brühe
Mehl
Sahne

Das Kalbfleisch mit den Gewürzen einreiben. Zwei bis drei Scheiben Speck auf den Boden des Bratgeschirrs legen.

Wassermenge lt. »Tips für die Praxis« in das Bratgeschirr gießen.

Das Fleisch in das Bratgeschirr geben und mit den restlichen Speckscheiben belegen oder mit Öl übergießen. Das Bratgeschirr mit passendem Deckel schließen und in den kalten Backofen setzen.

Zubehörträger 2. Einschubhöhe ● *Einstellung Bratautomatik: kg-Gewicht Kalbfleisch (11 bzw. 17)* ● *Bratzeit: 2 Stunden*

Zur Soßenzubereitung den konzentrierten Bratensaft mit Flüssigkeit auffüllen (Pilzwasser mitverwenden) und mit in kalter Flüssigkeit angerührtem Mehl binden, einmal aufkochen und abschmecken. Die Pilze in der fertigen Soße durchziehen lassen.

Falscher Wildschweinbraten

2 kg Schweinefleisch (Keule)
Salz, schwarzer Pfeffer
Wasser für das Bratgeschirr
lt. »Tips für die Praxis«
Beize:
½ l Rotwein
¼ l Wasser
¼ l Essig
6 bis 8 zerdrückte Wacholderbeeren, 1 Messerspitze gemahlene Nelken, 1 Messerspitze gemahlener Ingwer,
1 bis 2 zeriebene Lorbeerblätter
2 bis 3 Nelken, 1 kleine gehackte Knoblauchzehe,
1 bis 2 große Zwiebeln in Scheiben geschnitten

Soße:
Wasser und Beize
Mehl oder Speisestärke

Zutaten zur Beize aufkochen und abkühlen lassen. Fettschicht des Fleisches gitterförmig einschneiden, in einen Topf legen, mit Beize übergießen und 2 bis 3 Tage darin liegenlassen. Ist das Fleisch nicht völlig mit Beize bedeckt, jeden Tag wenden. Zum Braten das Fleisch aus der Beize nehmen. Wassermenge lt. »Tips für die Praxis« durch Beize ersetzen und in das Bratgeschirr gießen.
Das Fleisch mit Salz und Pfeffer einreiben und in das Bratgeschirr legen. Das Bratgeschirr mit passendem Deckel schließen und in den kalten Backofen setzen.

Zubhörträger 2. Einschubhöhe • Einstellung Bratautomatik: kg-Gewicht Schweinefleisch (23) •
Bratzeit: 3 Stunden

Zur Soßenzubereitung den konzentrierten Bratensaft mit Wasser und Beize auffüllen und durch ein Sieb gießen. Die Soße mit in kalter Flüssigkeit angerührtem Mehl binden, einmal aufkochen und abschmecken.

Rouladen

6 Rindfleischscheiben (800 g)
etwas Senf, Tomatenmark
etwas Zwiebelsalz, Pfeffer
einige Scheiben Speck
Wasser für das Bratgeschirr
lt. »Tips für die Praxis«

Soße:
Wasser oder Brühe
Mehl oder 1 Beutel Bratensoße
nach Geschmack

Die Fleischscheiben dünn mit Senf und Tomatenmark bestreichen, würzen und aufrollen. Die Rollen je mit einer dünnen Scheibe Speck belegen, mit Garn umwickeln oder mit Rouladennadeln (Holzspießchen) feststecken.
Wassermenge lt. »Tips für die Praxis« in das Bratgeschirr gießen.
Bratgeschirr mit dem Rest der Speckscheiben auslegen, darauf die Rouladen geben. Bratgeschirr mit passendem Deckel schließen und in den kalten Backofen setzen.

Zubehörträger 2. Einschubhöhe • Einstellung Bratautomatik: kg-Gewicht Rindfleisch (13) •
Bratzeit: 3 Stunden

Zur Soßenzubereitung den konzentrierten Bratensatz mit Flüssigkeit auffüllen und mit in kalter Flüssigkeit angerührtem Mehl binden. Soße einmal aufkochen und abschmecken. Bei Verwendung von Bratensoße aus dem Beutel oder Päckchen diese nach Vorschrift zubereiten.

Gulasch

500 g Rindfleischwürfel
Zwiebelsalz, Paprikapulver
oder Gewürzmischung
Wasser für das Bratgeschirr
lt. »Tips für die Praxis«
Speckwürfel
1 bis 2 Zwiebeln

2 Tomaten

Soße:
Wasser oder Brühe
Mehl
ggf. Sahne

Die Fleischwürfel würzen.
Wassermenge lt. »Tips für die Praxis« in das Bratgeschirr gießen.
Bratgeschirr mit der Hälfte der Speckwürfel auslegen, darauf die Fleischstücke geben. Auf die Fleischstücke den Rest der Speckwürfel und die gehackten Zwiebeln streuen. Darauf die geviertelten Tomaten verteilen (Zwiebeln und Tomaten sollten auf dem Fleisch und nicht auf dem Topfboden liegen). Bratgeschirr mit passendem Deckel schließen und in den kalten Backofen setzen.
Zubehörträger 2. Einschubhöhe ● Einstellung Bratautomatik: kg-Gewicht Rindfleisch (8) ●
Bratzeit: 3 Stunden
Für die Soßenzubereitung den konzentrierten Bratensaft mit Flüssigkeit auffüllen und mit in kalter Flüssigkeit angerührtem Mehl binden. Soße einmal aufkochen und abschmecken.

Falscher Hase

1500 g Hackfleisch
(halb Rind, halb Schwein)
3 eingeweichte, gut ausgedrückte Semmeln
2 Eier
3 gewürfelte Zwiebeln
1 bis 2 Eßlöffel Senf
2 Eßlöffel Tomatenmark
1 bis 2 Eßlöffel Semmelbrösel
Salz, Pfeffer

Bratengewürzmischung
Muskat
2 Eßlöffel Semmelbrösel zum Panieren
Wasser für das Bratgeschirr lt. »Tips für die Praxis«
einige Speckscheiben

Soße:
Wasser oder Brühe
Mehl oder
1 Beutel Bratensoße

Das Hackfleisch mit den angegebenen Zutaten gut mischen, zu einem länglichen Braten formen und leicht mit Semmelmehl panieren. Oberfläche mit einem Messerrücken gitterförmig eindrücken.
Wassermenge lt. »Tips für die Praxis« in das Bratgeschirr gießen.
Boden der Form mit dünnen Speckscheiben auslegen, Braten einlegen und auf die Oberfläche ebenfalls einige Speckscheiben geben. Bratgeschirr mit passendem Deckel schließen und in den kalten Backofen setzen.
*Zubehörträger 2. Einschubhöhe ● Einstellung Bratautomatik: *nur 1-kg-Gewicht Rindfleisch (13) ● Bratzeit: 3 Stunden*
Zur Soßenzubereitung den konzentrierten Bratensatz mit Flüssigkeit auffüllen und mit in kalter Flüssigkeit angerührtem Mehl binden. Soße einmal aufkochen und abschmecken. Bei Verwendung von Bratensoße aus dem Beutel oder Päckchen diese nach Vorschrift zubereiten.
* Da der Hackbraten in seiner Konsistenz lockerer als Fleischbraten ist, sollte bei einem Gewicht ab 1000 g eine Einstellung gewählt werden, die um 0,5 kg niedriger liegt als das tatsächliche Gewicht beträgt.

Gefüllte Schweineherzen

*950 g Schweineherzen
(2 Stück)
1 Paprikaschote
Salz, Pfeffer
Paprikapulver
Wasser für das Bratgeschirr lt. »Tips für die Praxis«*

1 Zwiebel, einige Speckscheiben

*Soße:
Wasser oder Brühe, Mehl oder
1 Beutel Bratensoße*

Schweineherzen gut waschen, Paprikaschote von Kernen und Längsrippen befreien und in schmale Streifen schneiden, Zwiebel schälen und vierteln. Herzen innen würzen, mit Paprikastreifen füllen und mit Zwirn zunähen. Oberfläche mit Paprikapulver bestäuben.

Wassermenge lt. »Tips für die Praxis« in das Bratgeschirr gießen.

Boden der Form mit Speckscheiben auslegen, darauf die Herzen geben, mit Speckscheiben belegen, die am besten mit je zwei Zahnstochern auf den Herzen festgehalten werden. Zwiebelviertel zufügen (möglichst so, daß sie auf dem Speck liegen). Bratgeschirr mit passendem Deckel schließen und in den kalten Backofen setzen.

Zubehörträger 2. Einschubhöhe • Einstellung Bratautomatik: kg-Gewicht (13) Schweinefleisch • Bratzeit: 3 Stunden

Zur Soßenzubereitung den konzentrierten Bratsatz mit Flüssigkeit auffüllen und mit in kalter Flüssigkeit angerührtem Mehl binden. Soße einmal aufkochen und abschmecken. Bei Verwendung von Bratensoße aus dem Beutel oder Päckchen diese nach Vorschrift zubereiten.

Hasenkeulen

*2 Hasenkeulen
(0,75 bis 1 kg)
50 g Speck
Rotwein für das Bratgeschirr lt. »Tips für die Praxis«
–
½ Lorbeerblatt
2 Nelken
2 Pfefferkörner
2 Wacholderbeeren*

*Salz
Pfeffer
2 Eßlöffel Öl*

*Soße:
Wasser oder Brühe
Mehl
Sahne
Saft von ½ Apfelsine*

Die Hasenkeulen sorgfältig häuten. Den Speck in dünne Scheiben schneiden und 2 Scheiben auf den Boden des Bratgeschirrs legen.

Wassermenge lt. »Tips für die Praxis« durch Rotwein ersetzen und in das Bratgeschirr gießen.

Zu dem Rotwein die Gewürze geben. Die Hasenkeulen mit Salz und Pfeffer einreiben, in das Bratgeschirr legen, mit Öl bestreichen und die restlichen Speckscheiben auflegen. Bratgeschirr mit passendem Deckel schließen und in den kalten Backofen setzen.

Zubehörträger 2. Einschubhöhe • Einstellung Bratautomatik: 7 • Bratzeit: 2 Stunden

Zur Soßenzubereitung den konzentrierten Bratsaft mit Flüssigkeit auffüllen und durch ein Sieb gießen. Die Soße mit in kalter Flüssigkeit angerührtem Mehl binden, einmal aufkochen und abschmecken.

Lammkeule

2 kg Lammkeule,
ohne Knochen
1/2 Teelöffel Thymian
1/2 Teelöffel Basilikum

1/2 Teelöffel Rosmarin,
1/2 Teelöffel weißen Pfeffer
1/2 Teelöffel Zucker
1/4 Teelöffel Zimt
Knoblauch

Zur Soße:
Brühe
,,Instant Bratensaft"
Mehl
Sahne
Salz

Am Fleisch vorhandene Fettschicht mehrmals kreuzweise einschneiden. Die ersten 3 Gewürze in Handfläche oder Mörser zerreiben, mit den restlichen Gewürzen mischen und in das Fleisch einreiben. In das Bratgeschirr Brühe gießen und das Fleisch einlegen. Bratgeschirr mit Deckel schließen und in den kalten Backofen schieben.

Zubehörträger 2. Einschubhöhe ● Einstellung Bratautomatik: 15 ● Bratzeit: bis 3 Stunden

Zur Soßenbereitung den Bratensatz mit Brühe auffüllen, ,,Bratensaft" hinzufügen, durchrühren. Mehl mit Sahne anrühren und die Soße damit binden und abschmecken.

Beigabe: Grüne Bohnen, Kartoffelklöße ,,Halb und Halb".

Bunte Fleischplatte

1 kg Kalbskeule
1 kg Poularde
1 kg Schweinenacken
ohne Knochen

Zum Kalbfleisch:
1 Teelöffel Rosmarin
1/2 Teelöffel Oregano
1/2 Teelöffel weißen Pfeffer

Zur Poularde:
1 Zitrone (nicht gespritzt)
1 Teelöffel Salbei
1/2 Teelöffel weißen Pfeffer
Salz

Zum Schweinenacken:
Knoblauchpulver
1/2 Teelöffel Ingwer
1/2 Teelöffel Cayenne-Pfeffer
1/8 l Weißwein
Rosenpaprika
2 dünne Scheiben
geräucherten Speck

Zur Soße:
Wasser
1 Würfel ,,Bratensaft"
Mehl
Weißwein
Salz, 1 Prise Zucker

Das Kalbfleisch mit den gemischten Gewürzen einreiben. Schale von der Zitrone abreiben. Die Poularde innen und außen mit Zitronensaft einreiben. Die gemischten Gewürze in die Poularde einstreuen, desgleichen die geriebene Zitronenschale. Den Schweinenacken mit einem Hauch Knoblauchpulver würzen. Ingwer und Pfeffer mischen und in das Fleisch einreiben.

Den Weißwein in das Bratgeschirr gießen. Die Fleischstücke in der angegebenen Reihenfolge in das Bratgeschirr legen. Poularde und Kalbfleisch gleichmäßig mit Paprika bestäuben. Eine Scheibe Speck quer über die Poulardenbrust und eine Scheibe auf die höchste Stelle des Kalbbratens legen. Bratgeschirr mit Deckel schließen und in den kalten Backofen schieben.

Zubehörträger 2. Einschubhöhe ● Einstellung Bratautomatik: 19 ● Bratzeit: bis 3 Stunden

Zur Soßenbereitung den Bratensatz mit Wasser auffüllen, Bratensaftwürfel hinzufügen, durchrühren und die Soße mit Mehl binden und abschmecken.

Beigabe: Gemischtes Sommergemüse, Kartoffelbällchen.

Poulet blanche in Burgundersoße

1 Poularde, 1,2 kg
1 Teelöffel Estragon
1/2 Teelöffel Ingwer
1/2 Teelöffel Rosmarin
1/2 Teelöffel Salz
1 Zwiebel
1 Nelke
1 Scheibe Speck
1/4 l Burgunderwein
20 g Butter

Zur Soße:
1 Dose Champignons
1 Würfel „Bratensaft"
Burgunderwein
Sahne oder Büchsenmilch

Die gewaschene Poularde von innen und außen mit Küchenkrepp abtrocknen. Estragon in Handfläche oder Mörser zerreiben, mit den restlichen Gewürzen mischen und die Poularde innen mit der Gewürzmischung ausstreuen.

Die Zwiebel schälen, mit der Nelke spicken und in die Poularde legen. Die Poulardenknöchel übereinanderlegen, mit einer langen Speckscheibe umwickeln und mit einem Zahnstocher zusammenhalten.

Burgunder in das Bratgeschirr gießen und Poularde einlegen, Oberfläche mit flüssiger Butter bestreichen. Bratgeschirr mit Deckel schließen und in den kalten Backofen schieben.

Zubehörträger 2. Einschubhöhe ● Einstellung Bratautomatik: 11 ● Bratzeit: bis 3 Stunden

Zur Soßenbereitung den Bratensatz mit dem Champignonwasser und gegebenenfalls Wasser auffüllen. Die in Scheiben geschnittenen Champignons hinzufügen und abschmecken.

Beigabe: Sahnesalat, Mandarinenreis.

Fasan mit Sahnesoße

2 Fasane, je 0,8 kg,
1 Teelöffel Oregano
Salz, Pfeffer
4 Wacholderbeeren
6 Scheiben Speck
4 Eßlöffel Orangensaft

Zur Soße:
Würfelbrühe
4 Eßlöffel Orangensaft
„Instant Bratensaft"
Mehl, Sahne
1 – 2 Eßlöffel Weinbrand

Die gewaschenen Fasane mit Küchenkrepp abtrocknen, Oregano in Handfläche oder Mörser zerreiben, mit Salz und Pfeffer mischen und das Wildgeflügel innen und außen damit einreiben. In die Fasane je 2 Wacholderbeeren geben. Auf Brüste und Keulen je eine dünne Scheibe Speck legen und festbinden. In das Bratgeschirr den Orangensaft gießen und die Fasane einlegen. Bratgeschirr mit Deckel schließen und in den kalten Backofen schieben.

Zubehörträger 2. Einschubhöhe ● Einstellung Bratautomatik: 13 ● Bratzeit: bis 3 Stunden

Zur Soßenbereitung den Bratensatz mit Brühe und Orangensaft auffüllen. „Bratensaft" hinzufügen, Mehl mit Sahne verquirlen und die Soße damit binden und abschmecken.

Beigabe: Weintraubenkraut, Kartoffelschnee

Rehrücken mit Pfifferlingen

1 Rehrücken
(1 bis 1,25 kg)
60 g Speck
—
Rotwein für das Bratgeschirr lt. »Tips für die Praxis«
2 Nelken
2 bis 3 Wacholderbeeren

Salz
Pfeffer
2 Eßlöffel Öl

Soße:
1 kleine Dose Pfifferlinge
Wasser
Mehl
Sahne

Den Rehrücken sorgfältig häuten. Den Speck in dünne Scheiben schneiden und 2 Scheiben auf den Boden des Bratgeschirrs legen.

Wassermenge lt. »Tips für die Praxis« durch Rotwein ersetzen und in das Bratgeschirr gießen.

Zu dem Rotwein die Gewürze geben. Den Rehrücken mit Salz und Pfeffer einreiben, in das Bratgeschirr legen, mit Öl bestreichen und die restlichen Speckscheiben auflegen. Das Bratgeschirr mit passendem Deckel schließen und in den kalten Backofen setzen.

Zubehörträger 2. Einschubhöhe ● *Einstellung Bratautomatik: 9* ● *Bratzeit: 1½ Stunden*

Zur Soßenzubereitung den konzentrierten Bratensaft mit Flüssigkeit auffüllen (Pilzwasser mitverwenden) und durch ein Sieb gießen. Die Soße mit in kalter Flüssigkeit angerührtem Mehl binden, einmal aufkochen und abschmecken. Die Pilze in der fertigen Soße durchziehen lassen.

Hirschbraten

1 Hirschkeule
(etwa 1,5 kg)
Salz
Pfeffer
80 g dünne Speckscheiben
4 Eßlöffel Öl
—
Beize für das Bratgeschirr lt. »Tips für die Praxis«

Beize:
½ l Rotwein
¼ l Wasser
¼ l Essig
1 Lorbeerblatt
3 Pfefferkörner
3 Nelken
5 Wacholderbeeren
Zwiebelringe von 1 Zwiebel

Soße:
Wasser und Beize
Mehl
Sahne

Zutaten zur Beize aufkochen und abkühlen lassen. Das gehäutete Hirschfleisch in einen Topf legen, mit Beize übergießen und 2 bis 3 Tage darin liegenlassen. Ist das Fleischstück nicht völlig mit Beize bedeckt, jeden Tag wenden.

Zum Braten das Fleisch aus der Beize nehmen und 2 bis 3 Scheiben Speck auf den Boden des Bratgeschirrs legen.

Wassermenge lt. »Tips für die Praxis« durch Beize ersetzen und in das Bratgeschirr gießen.

Das Fleisch mit Salz und Pfeffer einreiben, in das Bratgeschirr legen, mit Öl bestreichen und die restlichen Speckscheiben auflegen. Das Bratgeschirr mit passendem Deckel schließen und in den kalten Backofen setzen.

Zubehörträger 2. Einschubhöhe ● *Einstellung Bratautomatik: 19* ● *Bratzeit: 3 Stunden*

Zur Soßenzubereitung den konzentrierten Bratensaft mit Flüssigkeit auffüllen und mit in kaltem Wasser angerührtem Mehl binden. Soße einmal aufkochen und abschmecken.

Im Mikrowellenherd ist der Kasselerbraten in 17 Minuten servierfähig.

Pikanter Leberkäse

1 Scheibe Leberkäse (150 g), 1 Teelöffel Röstzwiebeln, 2 sehr dünne Scheiben Speck

Den Leberkäse auf ein Serviergeschirr legen. Mit den Röstzwiebeln bestreuen und mit Speck belegen. – Nicht abdecken –
Einstellzeit: etwa 2½ Minuten.

Forelle blau

2 Forellen – etwa 400 g, Salz, 5 Eßlöffel Wein oder Essigsud, 20 g Butter, frische Petersilie, Zitronenscheiben

Die Forelle waschen und innen etwas salzen. Damit die Forelle eine halbrunde Form behält, durch Kopf und Schwanzende einen Zwirnsfaden ziehen und zusammenknoten. Den Fisch in das Zubereitungsgeschirr geben und die Flüssigkeit angießen. – Abdecken –
Einstellzeit: Etwa 6 Minuten.

Schokoladenpfirsich

1 Pfirsich, 2 Würfel Schokolade

Den nicht zu reifen Pfirsich waschen, halbieren und den Stein entfernen. Je eine Pfirsichhälfte mit der Schnittseite nach oben in eine Kompottschale legen. In die Mitte je einen Schokoladenwürfel geben. – Abdecken –
Einstellzeit: etwa 1 Minute

Putenbraten

1 Babypute
(etwa 2 kg)
–
Salz
80 g dünne Speckscheiben
2 Eßlöffel Öl
Wasser für das Bratgeschirr lt. »Tips für die Praxis«

Soße:
Wasser oder Brühe
Mehl
Sahne

Eine junge Pute wie üblich vorbereiten. 2 Speckscheiben auf den Boden des Bratgeschirrs legen. Wassermenge lt. »Tips für die Praxis« in das Bratgeschirr gießen.

Die Pute innen würzen und mit der Brust nach oben in das Bratgeschirr geben. Mit Öl bestreichen. Die dünnen Fleischteile der Keulen mit Speckscheiben umwickeln und den Rest der Speckscheiben auf die Putenbrust legen. Das Bratgeschirr mit passendem Deckel schließen und in den kalten Backofen stellen.

Zubehörträger 2. Einschubhöhe ● *Einstellung Bratautomatik: 14* ● *Bratzeit: 2 Stunden*

Zur Soßenzubereitung den konzentrierten Bratensaft mit Flüssigkeit auffüllen. Die Soße mit in kalter Flüssigkeit angerührtem Mehl binden, einmal aufkochen und abschmecken.

Entenbraten

1 Ente
(etwa 1,5 kg)
–
Salz
Majoran
500 g saure Äpfel
Wasser für das Bratgeschirr lt. »Tips für die Praxis«

Soße:
Wasser
Speisestärke

Eine Ente wie üblich vorbereiten. Die Äpfel waschen und das Kerngehäuse mit einem Apfelausstecher entfernen. Die Ente von innen würzen, mit den Äpfeln füllen und zunähen oder mit Zahnstochern zusammenhalten.

Wassermenge lt. »Tips für die Praxis« in das Bratgeschirr gießen.

Das Bratgeschirr mit passendem Deckel schließen und in den kalten Backofen setzen.

Zubehörträger 2. Einschubhöhe ● *Einstellung Bratautomatik: 12* ● *Bratzeit: 2 Stunden*

Zur Soßenzubereitung den Bratensatz mit Flüssigkeit auffüllen. Die Soße mit in kalter Flüssigkeit angerührter Speisestärke binden, einmal aufkochen und abschmecken.

Gänsebraten

1 Gans, 2,5 kg, aufgetaut
1 Mohrrübe
1 Zwiebel
1 Lorbeerblatt
1 Teelöffel Majoran
1 Teelöffel Beifuß

1 Teelöffel Oregano
1/2 Teelöffel Estragon
1/2 Teelöffel Pfeffer
2 ungeschälte Äpfel
Stärkemehl
1/4 l Wasser

Den Hals mehrmals einschneiden, Innereien und Mohrrübe würfeln, Zwiebel schälen, halbieren und zusammen mit dem Lorbeerblatt zur Brühe auskochen, zur Soßenbereitung verwenden.

Die gewaschene Gans innen und außen mit Küchenkrepp abtrocknen. Die Gewürze mischen, die Gans innen damit ausstreuen, die Äpfel einlegen und Öffnung mit Zahnstochern zusammenstecken. Die Gänsebeine an den Knöcheln übereinanderbinden.

Das Wasser in das Bratgeschirr gießen, Gans einlegen, Bratgeschirr mit Deckel schließen und in den kalten Backofen schieben.

Zubehörträger 2. Einschubhöhe ● *Einstellung Bratautomatik: 15* ● *Bratzeit: bis 3 Stunden*

Zur Soßenbereitung Bratensatz entfetten, mit Brühe auffüllen und die Soße mit Stärkemehl binden. Abschmecken.

Pfannengerichte

Esterházy-Schnitzel

4 Scheiben Rumpsteak
Salz, Pfeffer, Senf
1 Eßlöffel Fett
—
50 bis 100 g Speck
1 Zwiebel

1 Suppengrün und
1 Möhre

⅛ l Brühe
½ Eßlöffel Mehl
⅛ l saure Sahne

Steaks würzen und mit Senf bestreichen. Fett erhitzen, Steaks beiderseits kurz anbraten, herausnehmen und auf einen vorgewärmten Teller legen. Nach Herausnahme der Steaks in der Pfanne Speckwürfelchen zerlassen, kleingeschnittene Zwiebeln und das in feine Streifen geschnittene Wurzelgemüse zugeben und alles etwa 10 Minuten dünsten. Mit Brühe aufgießen, kurz aufschäumen, die mit etwas Mehl verquirlte Sahne untermengen, die Steaks wieder einlegen und noch einige Minuten darin ziehen lassen. Nicht mehr kochen.

Garzeit: etwa 20 bis 25 Minuten

Sahneschnitzel

4 nicht zu dünne
Kalbsschnitzel
Salz
Mehl zum Bestäuben

Ausbackfett (Butterschmalz)
⅛ l süße Sahne
etwas Salz und Pfeffer

Schnitzel an den Rändern, Muskeln und Sehnen einschneiden, salzen, mit Mehl bestäuben und im heißen Ausbackfett goldbraun braten. Nach dem Braten der Schnitzel die Sahne zugießen, Schnitzel darin ziehen lassen und abschmecken.

Garzeit: etwa 8 bis 10 Minuten

Pikante Schweinerollen

4 magere Schweineschnitzel
Salz und Pfeffer
4 Salbeiblätter

40 g Fett
⅛ l saure Sahne
1 Teelöffel Speisestärke
etwas Weißwein

Schnitzel klopfen, mit Salz und Pfeffer einreiben, aufrollen und mit je einem Salbeiblatt umwickeln. Fett erhitzen, Rollen darin von allen Seiten anbraten, mit Sahne übergießen und mit in Wein angerührter Speisestärke binden. Schnitzel noch kurze Zeit schmoren lassen, Salbeiblätter entfernen, Fleisch anrichten, mit der Soße übergießen und mit Petersiliensträußchen garnieren.

Garzeit: etwa 20 Minuten

Paprikakoteletts

4 Schweinekoteletts
Salz, Pfeffer,
Paprikapulver, Mehl
1 Eßlöffel Öl und
Schweinefett
1 Teelöffel Tomatenmark

1 geriebene Zwiebel
½ Teelöffel Paprikapulver
¼ l saure Sahne oder Brühe nach Belieben
1 bis 2 kleingeschnittene Paprikaschoten und Tomatenscheiben

Schweinekoteletts würzen, mit Mehl bestäuben und beiderseits in der heißen Fettmischung goldbraun braten. Koteletts herausnehmen, Bratensatz mit Gewürzen vermengen und saure Sahne oder Brühe (oder halb und halb) aufgießen. Paprikaschotenwürfel und Tomatenscheiben darunterziehen, die Koteletts wieder zugeben und in der Soße ziehen lassen.

Garzeit: etwa 15 bis 20 Minuten

Wiener Schnitzel, Schnitzel, paniert

Schnitzel leicht klopfen, Muskelfasern und den Rand einschneiden, salzen, mit Mehl bestäuben, in die Eiermilch tauchen, in Semmelbröseln wälzen und schwimmend in heißem Fett von beiden Seiten ausbacken. Mit Zitronenachteln und Petersiliensträußchen garniert zu Tisch geben.

Garzeit: etwa 8 bis 10 Minuten

4 dünne Kalbsschnitzel, Salz	Eiermilch:
Mehl zum Bestäuben	1 bis 2 Eier
–	1 bis 2 Eßlöffel Milch
Semmelbrösel	½ Eßlöffel Öl

Schnitzel im Teigmantel, Pariser oder Prager Schnitzel

Arbeitsweise wie »Wiener Schnitzel«, jedoch statt zu panieren die gut getrockneten Schnitzel in den Ausbackteig tauchen und schwimmend in heißem Fett von beiden Seiten ausbacken. Zum Ausbackteig Mehl und Salz in eine Schüssel sieben und unter kräftigem Schlagen Eier und Flüssigkeit zugeben. Teig darf keine Klümpchen haben.

Garzeit: etwa 8 bis 10 Minuten

Ein guter Rat: a) Verzichten Sie nicht auf die Ölzugabe zur Eiermilch, die Schnitzel erhalten eine besonders knusprige Kruste.
b) Die Paniermasse nicht andrücken, dies ist die Ursache des Abblätterns der Panade. Auch feuchte Schnitzel oder geringe Fett-Temperaturen können ein Ablösen der Panade ergeben.

4 dünne Kalbsschnitzel	6 bis 8 Eßlöffel Milch
Ausbackteig:	1 Eßlöffel Öl
80 g Mehl, Salz	–
2 Eier	Ausbackfett

Holsteiner Schnitzel

Schnitzel salzen, mit Mehl bestäuben, im erhitzten Fett beidseitig hell braten. Die gehackten Sardellenfilets über die Schnitzel geben, gewürzte und mit Kapern vermischte Sahne darübergießen und bei milder Temperatur zugedeckt ziehen lassen. Schnitzel mit den angegebenen Zutaten verzieren und auf einer heißen Platte anrichten.

Garzeit: etwa 8 bis 10 Minuten

4 dünne Kalbsschnitzel, Salz	Zum Verzieren:
Mehl zum Bestäuben	Sardellen
1 bis 2 Sardellenfilets	Tomatenscheiben
⅛ l saure Sahne	1 geschnittenes hartes Ei
1 Teelöffel Kapern	oder 1 Spiegelei
Salz, Pfeffer	

Schnitzel »cordon bleu«

Schnitzel leicht klopfen und an einer Längsseite mit einem spitzen Messer eine Tasche schneiden, eine Käse- und eine Schinkenscheibe einlegen und die aufgeschnittenen Hälften mit einem Hölzchen zusammenhalten. Die Schnitzel panieren und schwimmend in heißem Fett ausbacken.

Garzeit: etwa 10 bis 15 Minuten

4 dicke Kalbsschnitzel	Panade:
Salz	siehe »Schnitzel, paniert«
4 Scheiben Schweizer Käse	oder »Schnitzel im
4 Scheiben magerer Schinken	Teigmantel«

Innereien

Leber, gebraten

500 g Leber
etwas Mehl
2 Zwiebeln in Ringen
ggf. Apfelscheiben
60 g Fett
Salz, Pfeffer

Gewaschene, enthäutete und abgetrocknete Leber in etwa ½ cm dicke Scheiben schneiden, mit Mehl bestäuben und in heißem Fett beiderseits schnell braten. Zwiebelringe, ggf. auch Apfelscheiben, an freien Stellen mitbraten. Erst nach dem Braten würzen.

Garzeit: etwa 6 bis 8 Minuten

Saure Nieren

375 bis 500 g Nieren
½ Eßlöffel Mehl
—
40 g Fett
2 Zwiebeln
⅛ bis ¼ l Brühe
Salz und Pfeffer
—
⅛ l saure Sahne
etwas Zitronensaft

Nieren gründlich waschen und einige Stunden in Wasser oder Milch legen. Nieren halbieren, Röhrchen und alles Blutige entfernen, in Blättchen schneiden und in Mehl wenden. Fett erhitzen, Nieren zugeben und allseits anschmoren. Zwiebelwürfelchen zugeben, mitschmoren, Brühe aufgießen und das Ganze etwas salzen und pfeffern. Vor dem Anrichten saure Sahne unterziehen und das Gericht mit Spätzle und frischen Salaten zu Tisch geben.

Garzeit: etwa 15 bis 20 Minuten

Zum Entfernen der Röhrchen und Sehnen werden die Nieren halbiert
Man schneidet sie dann in kleine Blättchen, oder – wenn gegrillt werden soll – in 1 bis 1½ cm dicke Scheiben

Geflügelte Gerichte

In China wird das Kochen als eine Kunst angesehen, die der Musik ebenbürtig ist. Unter den Genüssen der Tafel wird Geflügel besonders geschätzt. Ein Gelehrter aus Peking hat einmal geäußert: »Die Poesie der Kochkunst ist das Hühnchen. In der ganzen Welt ist das Huhn das größte Opfer, das der Küche gebracht wird, und nur wenige beklagen es.«

Übrigens – wenn Sie Huhn speisen, dann halten Sie es aber keinesfalls mit dem äthiopischen Brauch: Dort muß nämlich die Frau die Haut essen, während der Mann sich ans Fleisch hält.

Obwohl eine knusprig braune Haut bei Geflügel, wie sie in Ihrem Herd gelingt, eine wahre Delikatesse ist, so werden Sie sicher nicht gern auf ein saftiges Stück Fleisch verzichten wollen. Desgleichen wären die »Herren der Schöpfung« sehr unzufrieden, wenn von einem Hühnerschenkelchen die knusprige Haut entfernt worden wäre. Ihre Kochkunst läßt beides, Haut und Fleisch zu einem Genuß werden.

Was man vom Geflügel wissen sollte:

Geflügel aller Art wird heute gefroren angeboten. Beim Einkauf darauf achten, daß die Verpackung unbeschädigt ist, die Oberfläche ein einheitlich helles Aussehen hat und keine dunklen Flecken aufweist.

Gefrorenes Geflügel muß vor der Zubereitung aufgetaut werden, damit der Beutel mit Innereien entfernt werden kann.

Beispiel für Auftaumöglichkeiten:

1 Hähnchen mit einem Gewicht von ca. 1 kg benötigt folgende Zeiten:

Zimmertemperatur 20°C
etwa 6 – 7 Stunden

Kühlschrank bis +4°C
etwa 12 – 16 Stunden

Heißluftbackofen, Einstellung ,,Auftauen''
etwa 90 Minuten

Mikrowellengerät, Einstellung ,,Auftauen''
etwa 20 Minuten

Geflügel schmeckt gegrillt besonders gut, siehe Grillrezepte, Seite 99.

Sehr fettes Geflügel gewinnt an Geschmack, wenn im Inneren des Geflügels 3 bis 4 ganze Äpfel mitgebraten werden. Diese pikanten Äpfel werden zum Anrichten des Geflügels mitverwendet.

Ente mit Sauerkirschen

1 Ente
Salz
nach Wunsch 40 g Butter
Petersiliensträußchen
400 g Sauerkirschen
1 Glas Rotwein

Die bratfertige Ente innen und außen salzen, mit Petersiliensträußchen füllen, zunähen oder -stekken und braten. Vor dem Anrichten den Bratenfond in einen Topf geben, mit entkernten Sauerkirschen und Rotwein vermengen und einmal aufkochen. Die zerteilte Ente auf einer vorgewärmten Platte anrichten und mit Kirschen garnieren.

Einstellung: Normalherd: 200–250 ● Einschubhöhe: unten ● Bratzeit: 90–120 Minuten ● Heißluftherd: Ende Bereich ●ⓄⓊ● Einschubhöhe: Mitte ● Bratzeit: 120–150 Minuten

Panierte Backhähnchen
(Wiener Art)

1 bis 2 Hähnchen
Salz und Mehl zum Bestäuben

Eiermilch aus:
1 bis 2 Eiern
1 bis 2 Eßlöffeln Milch
½ Eßlöffel Öl

100 g Semmelbrösel
Ausbackfett
(am besten Butterschmalz)

Bratfertige Hähnchen gut abtrocknen und mit der Geflügelschere in die üblichen Portionen zerteilen. Leicht salzen, wie »Wiener Schnitzel« panieren und schwimmend in heißem Fett beiderseits ausbacken. Hohe Stücke leicht flachklopfen und etwas langsamer ausbacken. Diese Zubereitung kann wie »Schnitzel im Teigmantel«, Seite 83, verändert werden.

Garzeit: etwa 10 bis 15 Minuten

Ein guter Rat: Verzichten Sie nicht auf die Ölzugabe zur Eiermilch, die Backhähnchen bekommen dadurch eine besonders knusprige Kruste. Die Paniermasse nicht andrücken, um ein Abblättern zu verhindern.

Rebhuhn, pikant

4 Rebhühner
–
250 g Weintrauben
150 g magerer, gekochter Schinken
1 bis 2 Eier

50 g rohe, geräucherte Speckscheiben
Salz, Pfeffer, Muskat
1 Glas Rotwein
–
⅛ l süße Sahne
Salz, Pfeffer

Weintrauben mit dem feingehackten Schinken und Ei vermengen, die bratfertigen Rebhühner damit füllen und zunähen. Die Hühner außen würzen, mit Speckscheiben umwickeln, festbinden und während des Bratens mit Wein begießen. Für die Soße den Bratenfond durch ein Sieb streichen, in einen Topf geben, mit der süßen Sahne binden und beliebig abschmecken.

Einstellung: Normalherd: 220–250 ● Einschubhöhe: Mitte ● Bratzeit: 35–45 Minuten ● Heißluftherd: Ende Bereich ●ⓄⓊ● Bratzeit: 60–65 Minuten.

Aus Fluß und Meer

Der Italiener Lorenzo da Ponte, bekannt als Verfasser der Texte einiger Mozart-Opern, wurde einmal von einem seiner Gönner aufgefordert, etwas zum Lobe der italienischen Küche zu schreiben. Der weltgewandte da Ponte wußte, was er seinem gastfreien Förderer schuldig war. Er wählte zum Thema den bei allen Feinschmeckern beliebten venezianischen Kabeljau, den »baccalà«, und besang diesen in sechsunddreißig begeisternden Strophen. Brausender Beifall einer vollbesetzten Tafel belohnte den Dichter, und der adlige Gastgeber meinte erfreut: »Das ist fürwahr kein Küchengedicht, das ist vielmehr das Hohelied des Fischessens!« Mit Recht werden Fischgerichte wegen ihrer vielen Vorzüge allgemein geschätzt. Fische können auf viele Arten zubereitet werden, sie sind leicht verdaulich und haben einen hohen Eiweißgehalt. Sie enthalten lebenswichtige Mineralien, wie Jod und Phosphor und die Vitamine A, B_1, B_2 und D.

Fisch ist preisgünstig, schnell zuzubereiten – also geradezu ideal für die »Schnelle Küche«.

Achten Sie bitte beim Fischeinkauf darauf, daß Seefische einen frischen Geruch, festsitzende Schuppen und kerniges Fleisch haben und daß die Augen prall hervortreten.

Flußfische kaufen Sie möglichst noch lebend ein, lassen sie töten und verwenden sie noch am gleichen Tag.

Einstellbereiche für die Automatikplatten

Schaltung für die anderen Kochplatten:

Kochen und dünsten auf Ankochstufe 3, dann umschalten auf Fortkochstufe 1 bzw. Zwischenschaltstufen.

In Fett ausbacken: Die ersten Stücke auf Ankochstufe 3, die weiteren Stücke auf Bratstufe 2

Schaltung für Kochplatten mit stufenloser Einstellung (Energieregler)

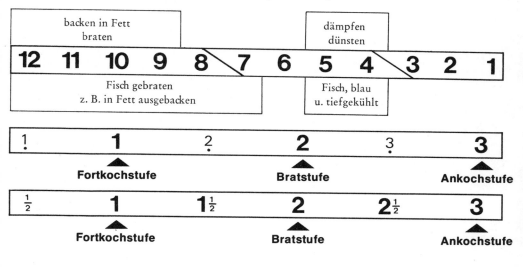

So wird vor- und zubereitet:

Fisch wird heute in vielen Varianten gefroren angeboten. Hinweise über die Haltbarkeit und Tips für die Zubereitung auf der jeweiligen Packung beachten.

Je Person rechnet man etwa 200 g Fisch ohne Gräten und 250 g mit Gräten.

Schuppen

Den Schwanz des Fisches mit einem Tuch festhalten, mit einem stumpfen Messer vom Schwanz her beginnend gegen den Kopf unter Wasser abschuppen.

Ausnehmen

Mit einem spitzen Messer unterhalb des Kopfes beginnend, den Bauch aufschlitzen und die Eingeweide vorsichtig auslösen. Dabei die Galle nicht verletzen, sie liegt dicht unterhalb des Kopfes. Leber und Rogen später mitverwenden. Die zähe Haut an Rückgrat und Milz entfernen.

3-S-System = säubern, säuern, salzen

Säubern

Innen und außen gründlich unter fließendem Wasser waschen. Je nach Zubereitungsart Flossen, Kopf und Schwanz abschneiden.

Säuern

Mit Zitronensaft oder Essig reichlich beträufeln. Das Fleisch bleibt dadurch weiß und kernig, der Fischgeruch wird milder.

Salzen

Nur bei Bedarf und unmittelbar vor dem Garen.

Ein guter Rat: Fischgeruch von Händen und Bestecken entfernen Sie mit Zitronensaft. Fischteller erst mit Papier reinigen, dann kalt spülen und erst dann in heißer Spüllauge waschen.

Den Fisch fest am Schwanz anfassen
und die Schuppen vom Schwanz zum Kopf hin mit einem flach gehaltenen Messer entfernen.
Den Fisch sehr naß oder unter Wasser schuppen.

Fische, gekocht und gedünstet

Dazu eignen sich fast alle Fischarten, und zwar im ganzen oder in Portionsstücke geteilt, z. B. Zander, Kabeljau, Schellfisch, Goldbarsch, Stein- und Heilbutt, grüne Heringe und Fischfilets. Den Fisch nach dem 3-S-System vorbereiten, d. h. säubern, säuern und salzen und im eigenen Saft mit etwas Suppengrün oder einer gespickten Zwiebel und Tomate bei milder Hitze dünsten, auf den Automatikplatten im Bereich B. Den sich bildenden Saft mit Butter und Kräutern als Soße servieren oder zum Aufgießen einer Einbrenne verwenden und beliebig mit Kräutern, Senf, Käse oder Tomatenmark abschmecken.

Gedünstet

Grundrezept:
1 kg Fisch nach Wahl
etwas Zitronensaft oder Essig
etwas Salz
etwas Suppengrün

1 gespickte Zwiebel
ggf. einige Tomaten
—
etwas Butter
gehackte Kräuter

Fischfilets nach dem 3-S-System vorbereiten und waagerecht halbieren. Speck und Zwiebeln feinwürfeln, mit Tomatenmark, Dosenmilch, Zitronensaft und Gewürzen verrühren und den Brei pikant abschmecken. Die Hälfte des Breies auf die unteren Hälften der Filets streichen, übrige Fischscheiben darauflegen und mit dem Rest der Masse bestreichen. Gefüllte Schnitten mit geriebenem Käse und Semmelbröseln bestreuen, mit Fettflöckchen belegen und in die Pfanne auf Speckstreifen setzen. Vor dem Anrichten ggf. Fischfond etwas andicken. Das Gericht mit grünen Salaten und Salzkartoffeln zu Tisch geben.
Garzeit: etwa 20 bis 30 Minuten

Helgoländer Rotbarschschnitten

1 kg Rotbarschfilet
Salz, Zitronensaft
—
50 g Räucherspeck
1 große Zwiebel
2 Eßlöffel Tomatenmark
Dosenmilch
etwas Zitronensaft

etwas Salz
1 Prise Zucker
—
etwas Reibkäse
etwas Semmelbrösel
etwas Margarine
Speckstreifen

Zwiebeln schälen, Möhren putzen, beides in Scheiben schneiden und in zerlassenem Fett anbraten. Vorbereitete Porreerädchen hinzufügen und etwa 10 Minuten mitschmoren. Den in Wasser aufgelösten Brühwürfel, geschälte, gewürfelte Kartoffeln und Gewürze zugeben und das Ganze etwa 15 Minuten leicht kochen. In Stücke geschnittenes Fischfilet mit Zitronensaft beträufeln, zu dem fast garen Gemüse geben und nochmals 15 Minuten ziehen lassen. Ggf. Tomatenachtel hinzufügen und einige Minuten vor dem Anrichten mitziehen lassen.
Garzeit: etwa 45 Minuten

Französischer Fischeintopf

70 g Fett
250 g Zwiebeln
250 g Möhren
—
250 g Porree
250 g Kartoffeln

1 kleiner Brühwürfel
½ l Wasser
Salz, Pfeffer
—
1 kg Fischfilet (Seelachs)
etwas Zitronensaft
ggf. 3 bis 4 Tomaten

Die für die frische Forelle charakteristische Rundung wird durch einen Faden oder ein Holzstäbchen erreicht, der durch Maul und Schwanz gezogen wird. Gefrorene Forellen lassen sich nicht in diese Form binden. Sie werden unaufgetaut in heißem Essigwasser gegart.

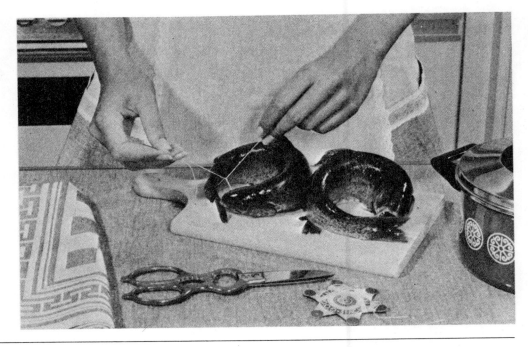

Blau

Grundrezept:
*Je Person
180 bis 250 g Fisch
Salz-Essig-Wasser
Petersiliensträußchen
Zitronenspalten
Butterkugeln*

Für diese Zubereitungsart eignen sich nur solche Fische, deren schleimige Haut einen Farbstoff enthält, der beim Kochen in Essigwasser oder -dampf eine Blaufärbung bewirkt. Diese Fische – Karpfen, Blei, Forelle, Schleie, Aal und Lachs – dürfen nicht geschuppt und außen nicht mit Salz eingerieben werden, da sonst keine Blaufärbung eintritt. Sie werden mit heißem Essigwasser übergossen und zugedeckt im Dampf oder in Essigwasser gegart. Nach dem Garen wird der Fisch recht heiß mit Butter, Petersilie, Zitrone und Salat oder auch mit geriebenem Meerrettich zu Tisch gegeben.

Garzeit: Je nach Fischart und Größe 8 bis 20 Minuten

Fische, in Fett gebraten und gebacken

Grundrezept

1 kg See- oder Flußfisch
–
etwas Zitronensaft
Salz

Zum Braten:
ggf. Zwiebelringe
40 g Margarine

zum Panieren:
etwas Mehl, Ei
Semmelbrösel

Dazu eignen sich Schellfisch, Kabeljau, Seelachs, Thunfisch, Scholle, Stein- und Heilbutt, Zander, Hecht und Fischfilets. Sie werden nach dem Säubern in Portionsstücke geschnitten, falls sie nicht im ganzen gebraten werden können. Nach dem Säuern und Salzen den Fisch paniert oder unpaniert bei nicht zu scharfer Hitze in heißem Fett auf der Kochplatte braten.

Im Fettbad gebacken: Gut geschnittene Fischscheiben säuern, in Ausbackteig tauchen und schwimmend in heißem Fett ausbacken. Auf vorgewärmten Tellern mit Pommes frites und Salat anrichten.

Anmerkung: Fischstäbchen gefroren in das heiße Fett geben und von beiden Seiten goldbraun braten.

Kabeljau auf normannische Art

600 g Fischfilet
1 Zwiebel
etwas Petersilie
etwas Worcestersoße
–
etwas Mehl
1 bis 2 Eier

etwas Öl oder Kokosfett
–
4 Scheiben Räucherlachs
4 Zitronenspalten
1 Tomate
Petersilie

Fischfilets nach dem 3-S-System vorbereiten, mit feingehackter Zwiebel und Petersilie bestreuen, mit Worcestersoße beträufeln und etwa eine gute Stunde ziehen lassen. Den marinierten Fisch in Mehl und verquirlten Eiern wenden und in heißem Fett von beiden Seiten goldbraun braten. Schnitten auf einer vorgewärmten Platte anrichten, mit Räucherlachsröllchen, Zitronenspalten, Tomatenscheiben und Petersiliensträußchen garnieren. Mit kleinen Salzkartoffeln und grünem Salat zu Tisch geben.

Bratzeit: etwa 8 bis 10 Minuten

Pikante Fischröllchen

4 Rotbarschfilets
Saft von ½ Zitrone
Salz
–
1 großer Apfel
2 Eßlöffel Reibkäse

Butterflöckchen
–
etwas Mayonnaise
Tomatenketchup und
Petersilie

Fisch nach dem 3-S-System vorbereiten. Apfel waschen, Kerngehäuse ausstechen und Apfel mit Schale in Scheiben schneiden. Filets der Länge nach durchschneiden, einzeln aufrollen, mit einem Zahnstocher zusammenhalten und je auf eine Apfelscheibe setzen. Röllchen mit Reibkäse bestreuen, mit Butterflöckchen belegen und auf dem Blech in der Röhre überbacken. Vor dem Anrichten auf jede Portion einen Tupfer Mayonnaise setzen, mit Petersilie und Ketchup verzieren und sofort servieren.

Einstellung: Normalherd: 200 ● Heißluftherd: Ende Bereich
Einschubhöhe: Mitte ● Backzeit: 15 – 20 Minuten

Vom Grillen und Überbacken

Der Kölner Gastwirt Kappes war einer der ersten in Deutschland, der den Grill in seinem Gasthaus einführte. Seine feinen Grillspezialitäten verströmten leckere Wohlgerüche und erfreuten sich großen Zuspruchs. Der geschäftstüchtige und zugleich humorvolle Gastwirt warb für seine Gerichte auf einem Plakat mit folgenden Worten: »Wenn Sie nicht leben wollen, um zu essen, dann essen Sie wenigstens bei mir, damit ich leben kann. Gefallen Ihnen mein Grill und seine Erzeugnisse, kommen Sie bald wieder! Gefallen sie Ihnen nicht, dann empfehlen Sie mich Ihren Freunden. Was für ein Spaß, wenn die sich schön ärgern!«

Sie, liebe Hausfrau, können sich die leckersten Grillgerichte ganz nach Belieben selbst zubereiten. Sollten Sie Grilleinrichtungen oder Drehspieß für Ihren Herd noch nicht haben, so wird sich eine Anschaffung sicherlich lohnen.

Durch das Grillen bleiben die wichtigen Mineralsalze der Nahrungsmittel erhalten, Ihre Grilladen haben eine schöne Farbe, und durch die intensive Strahlungshitze bleibt das Fleisch schön saftig.

Bitte verwenden Sie zum Grillen immer nur bestes Rohmaterial, ganz gleich, ob Sie Fleisch, Fisch, Obst oder Gemüse grillen. Grillgerichte behalten ihren aromatischen, natureigenen Geschmack und können deshalb ohne Kochsalz und Gewürze zubereitet werden, z. B. für Diätkost. Ihr Speisezettel erfährt durch diese gesunde und beliebte Zubereitungsart eine große Bereicherung.

Damit Sie recht viel Freude am Grillen haben, bitten wir Sie, einige Ratschläge zu beachten. Grundsätzlich gilt: Je flacher das Grillgut ist, um so näher am Grillstab grillen und umgekehrt. Nur Grilladen, die innen roh oder fast roh sein sollen, z. B. Steak »bleu« oder »englisch« grillt man, dick geschnitten, ganz nahe am Grillstab. Die Einschubhöhe der Roste ist bei den einzelnen Rezepten nicht angegeben, da die Fleischsorten beim Grillen kleine Unterschiede aufweisen. So bräunt z. B. dunkles Fleisch besser als helles, und auch das Alter des Tieres und die Zeitdauer des Abhängens spielen eine Rolle.

Der Abstand zum Grillheizkörper kann durch Verstellen und Drehen der Roste variiert werden. Beachten Sie jedoch bitte die Angaben für Ihren Herd.

Grundregeln und Zubereitungsarten für Steaks

Nur gut abgehangenes Fleisch, von Fett und Sehnen befreit, verwenden. Steaks 2 bis 3 cm dick schneiden, leicht mit Fingerknöchel und Handballen flachdrücken und binden. Binden heißt, das geklopfte Fleisch zusammenschieben, rund formen, außen herum einen Faden über Kreuz legen und binden.

Beim Wenden nicht in das Fleisch stechen. Steaks vor dem Grillen mit Öl beträufeln oder mit heller, flüssiger Butter bestreichen. Salz ist nicht unbedingt erforderlich, oder aber erst nach dem Grillen.

Fleisch nicht waschen, sondern mit einem feuchten Tuch abreiben.

Wie wird gegrillt?

Grillschirm befestigen. Dadurch bleibt der Backofen entsprechend geöffnet.
•
Einige Minuten bei Schaltstellung »Grillen« vorheizen.
•
Das Grillgut auf dem geölten Rost gleichmäßig verteilen.
•
Zum Auffangen des abtropfenden Saftes Bratpfanne mit Spritzschutzpfanne unter das Grillgut stellen.
•
Bei offenem Backofen oder mit angelehnter Backofentür grillen.

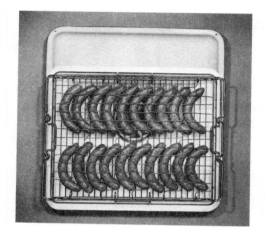

Das müssen Sie wissen:

Flaches Roastbeef von 150 bis 200 g ist ein Entrecôte
Flaches Roastbeef von 300 bis 400 g ist ein Entrecôte double
Filet von 100 g ist ein Filet mignon
Filet von 160 g ist ein Filetsteak
Filet von 180 bis 200 g ist ein Tournedos
Filet von 300 bis 500 g ist ein Chateaubriand und wird meist für zwei Personen gereicht.

20 Würstchen oder 6 Forellen oder 6 Steaks lassen sich unter dem Großflächengrill auf einmal zubereiten und mit dem praktischen Wenderost bequem umdrehen.

Steak »bleu« oder »englisch« oder »saignant«

Diese Steaks sind innen roh und außen leicht gebräunt. Das wird erreicht durch mindestens 3 cm Schnittstärke und hohe Rostlage, also ganz nahe am Grillheizkörper.

Garprobe: Das Fleischstück gibt dem Druck des Wenders gut nach.

Grillzeit: jede Seite etwa 2½ bis 3 Minuten

Steak »rare« oder »à point«

Diese Steaks sind innen rosa, mit einem kleinen roten Kern. Das wird erreicht durch etwas größeren Abstand vom Glühstab, etwa 2 bis 3 cm.

Garprobe: Das Fleisch gibt dem Druck des Wenders noch etwas nach.

Grillzeit: jede Seite etwa 4 bis 5 Minuten

Steak »well done« oder »bien cuit«

Diese Steaks sind innen durchgegart und haben ein zartrosa Aussehen. Das wird erreicht durch noch größeren Abstand zum Grillheizkörper, etwa 5 bis 6 cm.

Garprobe: Das Fleisch gibt dem Druck des Wenders nicht nach.

Grillzeit: jede Seite etwa 5 bis 7 Minuten

Nach diesen Grundzubereitungsarten können nun verschiedene Rezepte nach Geschmack und Belieben zusammengestellt werden, zum Beispiel:

Châteaubriands

etwa 400 g bis 600 g Rinderfilet

Von der Mitte eines Rinderfilets Scheiben schneiden und wie oben beschrieben grillen.

Tournedos auf Feinschmeckerart

4 Filetscheiben
3 bis 4 cm stark aus der
Mitte der Lende
zur Spitze hin

4 Pfirsichhälften
12 Kirschen
1 Gläschen Weinbrand
50 g geriebener Käse
50 g Butterflöckchen

Filetscheiben nach Wunsch grillen, Pfirsichhälften mit der Außenseite auf die Tournedos und darauf je 3 mit Weinbrand getränkte Kirschen legen. Mit Käse bestreuen, Butterflöckchen darübergeben und nochmals kurz, aber nicht zu hoch grillen. Wird gern mit frischen Salaten und Toast serviert.

1. Grillzeit: siehe bei »Steaks« • *2. Grillzeit: etwa 1 bis 2 Minuten*

Hirschmedaillons

Die Hirschfilets beiderseits mit Weinbrand einreiben, ölen, grillen. Nach dem Grillen nochmals mit Weinbrand beträufeln, würzen und mit Preiselbeeren verzieren.
Grillzeit: jede Seite etwa 3 bis 4 Minuten
Anmerkung: Als Beilage zu den gegrillten Wildspezialitäten eignen sich Steinpilze, Selleriepüree, Kartoffelkroketten, Preiselbeeren.

4 Hirschfilets, 3 cm dick — *Salz, Pfeffer*
2 Eßlöffel Weinbrand — —
1 Eßlöffel Öl — *Preiselbeeren*

Filetecken

Vom Rinderfilet kleine Dreiecke schneiden und grillen.
Grillzeit: jede Seite etwa 2 bis 3 Minuten

etwa 300 g Rinderfiletspitz

Entrecôte à la minute

Roastbeefscheiben klopfen, den Fettrand einschneiden und 10 bis 15 Minuten in Öl legen. Nach dem Grillen würzen, noch heiß mit Tomaten-, Bananen- und Pilzscheiben belegen. Dazu schmeckt Kräuterbutter oder eine pikante Soße.
Grillzeit: jede Seite etwa 1½ bis 2 Minuten

4 Roastbeefscheiben — *2 Bananen*
Öl — *50 g gedünstete Pilze*
Salz, Pfeffer
2 Tomaten

Kalbs- oder Schweinemedaillons

Von der Lende 2 bis 3 cm dicke Scheiben schneiden, ölen oder buttern, grillen und würzen.
Grillzeit: jede Seite etwa 2 bis 3 Minuten

1 Kalbs- oder — *Öl oder Butter*
Schweinelende (Filet) — *Salz, Pfeffer*

Filet-Leckerbissen

Die Filetscheiben grillen. Mit einem Salbeiblatt und mit je einer Schinken- und Käsescheibe belegen und nochmals kurz übergrillen.
1. Grillzeit: siehe bei »Steaks«, Seite 94 ● *2. Grillzeit: etwa 1 bis 2 Minuten*

4 Filetscheiben — *4 Schinkenscheiben*
4 Salbeiblätter — *4 Käsescheiben*

Grundzubereitungsart für Leber und Nieren

Leber häuten, dazu auf die Oberseite Salz streuen, 10 Minuten einwirken lassen oder kurz in heißes Wasser tauchen und die Haut abziehen. Leber oder Nieren in 1 bis 1½ cm dicke Scheiben schneiden, ölen, grillen, dann würzen.
Grillzeit: jede Seite etwa 1 bis 2 Minuten nahe am Grillstab

400 g Leber im ganzen — *Öl, Salz, Pfeffer*
oder 400 g Nieren

Leber mit Apfel- oder Ananasscheiben

400 g Leber
2 Zwiebeln
Apfel- oder Ananasscheiben
40 g Butter
Salz, Pfeffer

Zubereitungsart wie auf Seite 95 angegeben, jedoch beim Vorheizen Zwiebelringe mit etwas Butter auf einem Teller einschieben und vorgrillen. Die Obstscheiben in Dicke der Leber schneiden, mit zerlassener Butter bestreichen und mit der Leber grillen. Zum Anrichten die Leber schichtweise mit Zwiebelringen und Obstscheiben garnieren.
Grillzeit: jede Seite etwa 1 bis 2 Minuten

Bei den Rezepten für Spießchen sind die Grillzeiten nicht angegeben, da sich diese nach Größe und Stärke des Grillgutes richten.

Feinschmecker-Leberspießchen

200 g Leber
1 Eßlöffel Parmesan
100 g Schinkenspeck (dünn geschnitten)

Leber in etwa 1 cm dicke und 3 cm quadratische Stücke schneiden, mit Parmesan bestreuen, in die Speckscheiben einwickeln, aufspießen und weiter entfernt vom Glühstab grillen.

Katerspießchen

125 g getrocknete Pflaumen
100 g Schinkenspeckscheiben

Die eingeweichten und entkernten Trockenpflaumen einzeln mit Speckscheiben umwickeln, auf Spießchen schieben und grillen.
Veränderung: Nach eigenem Geschmack können in derselben Art Bananen, Ananas, Birnen oder Orangenscheiben, in Speck gewickelt, gegrillt werden.

Leberspießchen, pikant

150 g Leber
150 g Schinkenspeck
40 g Butter oder Öl
Salz, Pfeffer

Die 1 bis 2 cm dick geschnittenen Leber- und Schinkenscheiben in ebenso große Würfel schneiden, abwechselnd aufspießen, Butter oder Öl darüberträufeln und grillen, dann würzen.
Grillzeit: je nach Größe der Leberstückchen

Schaschlik

400 g Fleisch, gemischt aus Lamm, Kalb, Schwein, Speck, Niere, Leber, Schinken
Zwiebelringe, Pilzscheiben
etwas Zitronensaft
Öl mit Paprikapulver vermischt
–
Salz, Pfeffer, Paprikapulver
geriebener Knoblauch

Alle Fleischsorten in etwa 3 cm große Würfel schneiden, mit Öl und Zitronensaft beträufeln. Mit allen übrigen Zutaten in bunter Folge aufspießen, mit Öl nochmals gut beträufeln, grillen und würzen.

Holsteiner
Schnitzel
Rezept
siehe Seite 83

Tournedos
auf Feinschmeckerart
Rezept siehe Seite 94

Delikate Wurstnestchen

Etwas dickere Wurstscheiben mit der Haut grillen, bis sich Nestchen gebildet haben, die beliebig gefüllt werden können. Die Füllmasse auf die Wurstscheiben streichen, bei warmen Füllungen nicht ganz bis zum Rand, und mitgrillen. Kalte Füllungen erst nach dem Grillen in die Nestchen füllen.
Grillzeit: je nach Wurststärke und Füllung etwa 2 bis 5 Minuten

Dickere Wurstscheiben nach Belieben — *Käse, Speck, Zwiebeln, Gewürzen gemischt*

warme Füllungen: Reis, Kartoffeln, Nudelreste usw. mit Ei, Schinken.

kalte Füllungen: Mayonnaisesalate oder Gemüsesalate

Leberkäse, pikant

Die Leberkäsescheiben beiderseits kurz grillen, dick mit Tomatenscheiben belegen, mit kleingehackter Zwiebel und Speckwürfelchen bestreuen, mit Käsescheiben bedecken und weiter entfernt vom Glühstab bis zum Schmelzen des Käses nochmals grillen.
Grillzeit: Leberkäse je Seite 2 bis 3 Minuten, mit Belag 5 bis 6 Minuten

4 Scheiben Leberkäse — *1 Zwiebel*
— — *100 g Schinkenspeck*
etwa 8 Tomaten — *4 Scheiben Käse*

Käsekremschnitten

Die Toastscheiben mit Käsekrem bestreichen, mit Schinkenscheiben belegen und etwa 1 bis 2 Minuten überbacken. Für die Krem Roquefort und Butter miteinander glattrühren, mit Paprikapulver würzen.

4 Toastscheiben — *20 g Butter*
— — *Paprikapulver*
Käsekrem:
50 g Roquefort — *4 dünne Schinkenscheiben*

Jägertoast

Weißbrotscheiben beiderseits toasten, noch heiß mit Butter und Senf bestreichen, Rührei mit gehackten Pilzen und Zwiebeln zubereiten, würzen, dick auf die Toastscheiben legen, mit Schinkenspeckscheiben bedecken und nochmals grillen.
Grillzeit: 4 bis 6 Minuten

4 Weißbrotscheiben — *Champignons, Steinpilze*
— — *2 Zwiebeln*
Butter, Senf — *Salz, Pfeffer*
— — *4 Eier*
300 g Pilze,
z. B. Pfifferlinge, — *4 Schinkenspeckscheiben*

Wichtiger Hinweis

Im Heißluftherd können Toasts auch auf mehreren Ebenen gleichzeitig auf folgende Art zubereitet werden: Brot nicht vorher toasten, nach Rezept belegen.

Einstellung: Ende Bereich ⌒ ● Zeit: 8 – 10 Minuten
Backofen vorheizen

Drehkorb

Sicher werden auch Sie, verehrte Hausfrau, wie alle Grillfreunde, ein leckeres, knuspriges Hähnchen oder einen schönen Rollbraten sowie noch viele andere Speisen im Drehkorb grillen wollen. Falls Sie diese Drehkörbe nicht haben, so können Sie diese, wie auch die Grilleinrichtung, noch nachträglich anschaffen. Dem Zubehör liegt meist eine Anleitung bei. Wir wollen Ihnen aber nachstehend auch noch die Rezepte angeben, nach denen Sie mit den Drehkörben grillen können. Geeignet sind alle Rollbraten bis 1500 g sowie alle kleinen und länglich geformten Fleischstücke und alle kleineren Geflügelarten, wie Hähnchen, Poularden und Enten.

Außerdem eignen sich für den Drehkorb folgende Rezepte:
Rinderbraten, Seite 68.
Schaschlik, Seite 96.

Das Rundumgrillen – einfach wie nie zuvor – mit dem Drehkorb. Der eingebaute Grillmotor wird durch den Teleskopantrieb mit dem Korbträger verbunden. Zwei Körbe finden auf einmal Platz. Auch beim herausgefahrenen Backwagen drehen sich die Grilladen weiter. Das Einfetten wird dadurch besonders bequem.

Schweins- oder Kalbshaxe

1 Kalbs- oder Schweinshaxe
Salz, Pfeffer

Schweins- oder Kalbshaxen am besten der Länge nach teilen und getrennt in den Drehkorb legen. Dadurch ist gewährleistet, daß die Bräunung außen richtig und das Fleisch innen gar ist.

Grillzeit: etwa 60 bis 70 Minuten

Einstellung: Grillen;

Schweinerollbraten

1 kg Schweinebraten, gerollt
Salz, Pfeffer, ggf. Kümmel

Den Rollbraten in den Drehkorb legen und den Drehkorb in die Halterung einstecken. Während des Grillens des öfteren mit Butter oder Öl bestreichen.

Grillzeit: etwa 60 bis 80 Minuten

Einstellung: Grillen;

Kasseler Rollschinken

1 kg Rollschinken

Den gerollten Schinken in den Drehkorb legen, den Drehkorb in die Halterung einstecken. Beim Einkaufen darauf achten, daß der Schinken nicht zu sehr gesalzen ist, ggf. den Rollschinken einige Stunden vor dem Grillvorgang in kaltes Wasser legen.

Grillzeit: etwa 40 bis 50 Minuten

Einstellung: Grillen;

Geflügel, im Drehkorb gegrillt

Alles Geflügel vor dem Einlegen innen beliebig mit Salz, Pfeffer, bei Wildgeflügel auch mit Muskat würzen.
Tiefgefrorenes Geflügel auftauen lassen, damit der Beutel mit den Innereien entfernt werden kann. Geflügel hin und wieder zur Bräunung mit gesalzener Butter oder Salzwasser bepinseln.

Grillzeit für Hähnchen, 800–1000 g, etwa 50–60 Minuten

Junge Tauben

Tauben
Salz, Pfeffer
Speckscheiben

Die vorbereiteten Tauben innen mit Salz und Pfeffer würzen, auf der Brustseite mit Speckscheiben belegen und binden; je nach Größe können 2 bis 3 Tauben auf einmal gegrillt werden.

Grillzeit: etwa 25 bis 35 Minuten, je nach Größe

Einstellung: Grillen;

Omeletts, Puddings und andere süße Sachen

Der französische Dichter Desbarreaux hatte sich an einem Freitag in einem Gasthaus einen Eierkuchen mit Speck bestellt. Der Zufall wollte es, daß im gleichen Moment, als der Wirt die Speise auftrug, ein heftiger Donnerschlag ertönte. Der fromme Wirt sank schreckensbleich in die Knie, und Desbarreaux meinte kopfschüttelnd: »Tant de bruit pour une omelette« (»So viel Lärm um ein Omelett«).

Süßspeisen sind bei groß und klein in jeder Form beliebt:
als Flammeri oder Quarkspeise mit süßer Soße, Schlagsahne oder Obst angerichtet, als Obstsalat oder Kompott,
als feine, abgeschlagene Krem, Gelatine- oder Eisspeise
oder als Hauptgericht: ein süßer Auflauf, gefüllte Eierkuchen und Omeletts, ein Hefe- oder Quarkgericht.
Süßspeisen wählen Sie – liebe Hausfrau – passend zu Ihrer übrigen Mahlzeit aus. Farbe, Geschmack und Nährstoffgehalt sollen sich ergänzen. Denken Sie auch daran, daß Sie an einem arbeitsreichen Tag oder für ein festliches Essen die Nachspeise schon am Tag zuvor zubereiten können.
Im allgemeinen ist eine warme Süßspeise – soll sie als Hauptgericht serviert werden – mit viel Arbeit verbunden. Doch ein »süßes« Essen bringt Abwechslung in den Speiseplan und »schont« das Wirtschaftsgeld.

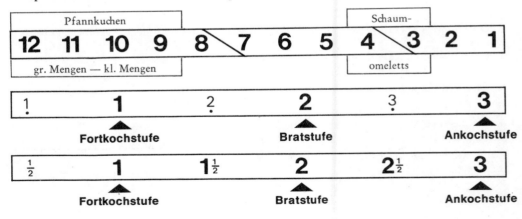

Einstellbereiche für die Automatikplatten

Schaltung für die anderen Kochplatten:
Die ersten Stücke auf Ankochstufe 3, die weiteren Stücke auf Bratstufe 2 (betrifft Eierpfannkuchen)

Schaltung für Kochplatten mit stufenloser Einstellung (Energieregler)

Vanilleflammeri

Milch mit Vanilleschote und dem ausgeschabten Mark, Zucker und einer Prise Salz zum Kochen bringen. Schote herausnehmen, die mit Eigelb und etwas zurückgelassener Milch angerührte Speisestärke unter Schlagen zugeben. Das Ganze aufkochen, Rum und Eischnee unterziehen. Eine Glasschüssel oder Sektschalen mit Makronen oder Biskuits auslegen, mit Rum beträufeln, rohes oder gedünstetes, kleingeschnittenes Obst darübergeben, darauf eine weitere Schicht Kekse verkrümeln und obenauf Vanillekrem gießen. Speise mit Schlagsahne verzieren und recht kalt zu Tisch geben.

Garzeit: etwa 5 Minuten

½ l Milch
½ Vanilleschote
40 g Zucker
1 Prise Salz
30 g Speisestärke
2 Eigelb
etwas Milch (von der Gesamtmenge)

etwas Rum
2 Eischnee
125 g Makronen oder
125 g Löffelbiskuits
1 Gläschen Rum
250 bis 500 g Früchte
etwas Schlagsahne zum Verzieren

Grießflammeri

Milch mit Gewürzen zum Kochen bringen, Grieß einstreuen und stromlos etwa 4 Minuten quellen lassen. Grießbrei auf Portionsteller füllen, Oberfläche glattstreichen und erkalten lassen. Vor dem Anrichten den Flammeri mit Schlagsahne bestreichen und in die Mitte eine halbierte, gedünstete Aprikose setzen.

Garzeit: etwa 8 Minuten

½ l Milch
etwas abgeriebene Zitronenschale
40 g Zucker
1 Prise Salz

60 g Grieß
⅛ l Schlagsahne
Aprikosenhälften (eingemacht oder aus der Konserve)

Schokoladenflammeri

Milch mit grob geriebener Schokolade und Gewürzen zum Kochen bringen. Die mit Eigelb und etwas zurückbehaltener Milch verrührte Speisestärke unter Schlagen zugeben. Flammeri stromlos einmal aufkochen, Eischnee unterziehen, mit Nüssen und Orangenschale abschmecken und kaltstellen. Speise mit Vanillesoße zu Tisch geben.

Garzeit: etwa 5 Minuten

½ l Milch
1 Prise Salz
30 g Zucker
1 Vanillezucker
50 g bittere Schokolade
30 g Speisestärke

ggf. 1 Eigelb und
–
1 Eischnee
⅓ abgeriebene Orangenschale
20 g geriebene Haselnüsse

Karamelflammeri

Zucker langsam im offenen Topf, ohne umzurühren, bräunen, mit dem heißen Wasser löschen, Milch und Vanillezucker dazugeben. Die mit etwas zurückbehaltener Milch und Eigelb verquirlte Speisestärke in die Flüssigkeit rühren. Die Masse zum Kochen bringen und etwas abkühlen lassen. Dann den steifen Eischnee und geriebene Mandeln unterheben und in eine kalt ausgespülte Form geben. Vor dem Servieren stürzen.

Garzeit: etwa 10 Minuten

100 g Zucker
⅛ l Wasser
½ l Milch
1 Päckchen Vanillezucker

etwas Milch
50 g Speisestärke
1 Eigelb
1 Eischnee
30 g Mandeln

Eierpfannkuchen

Teig I (zart und locker)
120 g Mehl
50 g Speisestärke
Salz
4 Eigelb
–
3/8 l Selterswasser
oder 1/4 l Milch
4 Eiklar

Teig II (einfach)
250 g Mehl
ggf. 1 Teelöffel Backpulver
Salz
2 bis 3 Eier
3/8 l Milch oder Wasser
–
Fett zum Ausbacken

Teig I: Zutaten in der angegebenen Reihenfolge mit Quirl und Schlägern verrühren, Eiklar zu Schnee schlagen und vorsichtig mit der Teigmasse unterheben. Eine kleine Menge Teig in das gut heiße Fett geben, gleichmäßig verteilen, so daß der Boden der Pfanne ganz dünn mit Teig bedeckt ist, und beiderseits goldbraun backen. Teigmasse ergibt 6 bis 8 Eierkuchen. Pfannkuchen beliebig füllen und aufgerollt servieren. Bei Verwendung von Beerenobst, Apfelspalten, Tomatenscheiben, Speckwürfeln, Käsewürfeln usw. den Eierkuchen erst nach dem Wenden mit der jeweiligen Masse belegen.

Teig II: Mehl mit Backpulver in eine Schüssel sieben, Eier, Salz und Flüssigkeit zugeben und alles mit Quirl und Schlägern gut verrühren. Teig kurze Zeit stehen lassen.

Ausbackteig für Obstspeisen

1 Ei
100 g Mehl
etwa 8 Eßlöffel Milch
1 Prise Salz

Fett zum Ausbacken
–
Obst nach Wahl

Aus den Zutaten mit Quirl und Schlägern einen glatten, dicklichen Eierkuchenteig herstellen. Dieser Teig eignet sich zum Einhüllen von Aprikosen, Ananasscheiben, Pflaumen, Apfelsinenscheiben, mit Rum beträufelten Bananenscheiben usw. Das Obst vorbereiten, in den Teig tauchen und in der Pfanne mit Fett oder schwimmend im Fett-Topf ausbacken.

Gebackene Apfelscheiben

2 bis 3 Eier
80 g Mehl
knapp 1/8 l Milch
1 Prise Salz

mürbe Äpfel (Ananas)
–
Fett zum Ausbacken
oder Fettbad

Alle Zutaten so lange schlagen, bis das Mehl gebunden ist. Die Äpfel schälen, vom Kernhaus befreien und in 1/2 cm dicke Scheiben schneiden. Die Apfelstücke oder die Ananasscheiben in den Teig tauchen und in der Pfanne oder im Fett schwimmend ausbacken. Mit Zimt und Zucker zu Tisch geben.

Selbstgebackenes schmeckt immer!

Wien gilt als die Traumstadt aller Back-Näschereien. »Meine Torte«, sagte Konditor Sacher 1815 voll Stolz, »ist wichtiger als der ganze Kongreß.« Aber auch ein österreichischer Guglhupf, die Honigkuchen, Krapfen und Strudel sprechen eine international verständliche Sprache. Wer da meint, das wohlgefällige Werk des Backens sei nicht so wichtig, der höre auf Shakespeare: »Vermeinst du, weil du tugendhaft bist, soll es in der Welt keine Torten und keinen Wein mehr geben?« Na also! Vielleicht mögen wir den Ausspruch Meister Sachers als etwas anmaßend empfinden, aber – geben wir es zu – so ein klein wenig verstehen wir schon seinen Stolz über das gelungene Werk.
Das gleichmäßige und zuverlässige Backen in Ihrem Elektroherd wird die Freude am Backen beträchtlich steigern, und Sie können täglich selbstgebackenen Kuchen zu Hause haben. Auf der Backofeninnentür oder in der Ablagewanne Ihres Herdes finden Sie eine Tabelle, aus der Sie die Einstellbereiche und Einschubhöhen ersehen können. Sie werden innerhalb der angegebenen Temperaturen schnell die für Ihren Geschmack und Ihre Backformen günstigste Einstellung herausfinden. Dunkle Backformen nehmen leichter Wärme an; für diese sind die niedrigeren Temperaturen und kürzeren Backzeiten geeigneter, dagegen werden die höheren Temperaturen bei der Verwendung von blanken Formen günstiger sein.
Im Heißluftherd hat das Formenmaterial wie Weiß- oder Schwarzblech keinen Einfluß auf das Backergebnis.
Alle Kuchen und Gebäcke können in den kalten oder warmen Backofen zum Backen eingesetzt werden. Ist der Backofen vorgeheizt, gilt die in den Rezepten angegebene niedrige Backzeit. Beim Einsetzen in den kalten Backofen verlängert sich die Backzeit.
Bei Gebäcken mit kurzer Backzeit ist es manchmal zweckmäßig, den Backofen vorzuheizen. Dies gilt zum Beispiel für eine Biskuitplatte, die zu einer Rolle verarbeitet werden soll. Das Gebäck bleibt feuchter und dadurch auch elastischer zum Weiterverarbeiten.
Je niedriger die Backofentemperatur ist, desto gleichmäßiger ist das Backergebnis.
Jede Teigart ist genau beschrieben, und die Zutaten sind immer in der Reihenfolge der Verarbeitung angegeben. Je genauer Sie die Zutaten abwiegen, um so größer ist die Freude am wohlgelungenen Gebäck.
Bei der Zubereitung sind in den Rezepten Hinweise gegeben, wie man mit einem Quirl und dem entsprechenden Zubehör arbeitet.
Im Heißluftherd können 2 oder 3 Bleche auf verschiedenen Einschubhöhen gleichzeitig gebacken werden. In Herden mit Backwagen empfiehlt es sich, die Anordnung so zu treffen, daß das Gebäck mit der kürzesten Garzeit oben und das mit der längsten Garzeit unten eingeschoben wird.
Beim Backen von Kleingebäck gleichzeitig auf 3 Ebenen zuerst das obere Blech entnehmen und die Plätzchen sofort lösen, danach das mittlere und zum Schluß das untere. Dadurch wird erreicht, daß sich alles Gebäck gut löst, ohne daß es bricht. Werden alle 3 Bleche gleichzeitig entnommen, so erkaltet das Gebäck. Es wird unelastisch und bricht leicht beim Abnehmen vom 2. und 3. Blech.
Der Heißluftherd besitzt eine *Intensivtaste*. Die kann wahlweise beim Backen einzelner Kuchen gedrückt werden. Beim Backen auf mehreren Ebenen ist es jedoch notwendig, diese einzuschalten, ebenso beim Auftauen.

Im normalen Herd können bis zu 3 Kastenformen nebeneinander auf dem Rost gebacken werden. Die Formen sind in gleichmäßigem Abstand nebeneinander zu stellen.

Auftauen von Kuchen und Gebäck im Backofen.

Es empfiehlt sich, die Backwaren in Portionsstücken einzufrieren und aufzutauen. Im Normalherd wird mit Einstellung 175 bis 200 aufgetaut, etwa der gleichen Temperatur, bei der gebacken wird. Sahne- und Cremegebäcke soll man nicht im Normalherd mit Temperaturwählereinstellung auftauen.
Im Heißluftherd werden Sahne- und Cremegebäcke mit der Einstellung: Bereich 🍞* 30 bis 40 Minuten, je nach Dicke aufgetaut.
Alle Gebäcke ohne temperaturempfindlichen Belag werden aufgetaut bei Einstellung: Bereich ✋*.
Die Zeiten richten sich nach der Dicke der Gebäckstücke, 10–15 Minuten.

●

Bei der Zubereitung des Teiges beachten Sie bitte:
Benötigen Sie für Ihren Teig ein streichfähiges Fett, so nehmen Sie es rechtzeitig aus dem Kühlschrank.

●

Eier schlagen Sie einzeln in einer Tasse auf, um zu prüfen, ob sie frisch sind.

●

Verwenden Sie feinen Zucker und mischen ihn bei Bedarf mit Vanillezucker oder dem ausgeschabten Mark einer Vanilleschote.

●

Mehl wird immer trocken und bei Bedarf mit Speisestärke und Backpulver gemischt und gesiebt verwendet.

●

Eiweiß wird erst unmittelbar vor dem Unterziehen mit einigen Tropfen Zitronensaft steif geschlagen.

●

Verlesene Rosinen, Sultaninen und Korinthen waschen Sie immer mehrere Male mit lauwarmem Wasser und trocknen sie in einem Tuch.

●

Muskat oder Zitronenschale (ungespritzt) reiben Sie auf einer mit Pergamentpapier zugedeckten Reibfläche ab. Sie ersparen sich die zeitraubende Reinigung.

●

Bei weichen Teigen wenden Sie Rosinen, Korinthen, Zitronat usw. in etwas Mehl, damit sie nicht auf den Boden sinken.

●

Teigoberflächen aus Rührteig glätten Sie mit einem in Wasser getauchten Teigschaber.

●

Denken Sie daran, den Backofen rechtzeitig vorzuheizen. Wenn die Kontrollampe erlischt, ist die eingestellte Temperatur erreicht.

●

Kuchenformen füllen Sie nur dreiviertel voll mit Teig, denn durch Eier, Treibmittel oder Alkohol gehen die Gebäcke noch auf.

●

Garprobe machen Sie mit einem spitzen Hölzchen in der Mitte des Kuchens. Klebt noch Teig am Hölzchen, so benötigt er noch etwas Backzeit.

●

Kuchenformen verschieden vorbereiten:
Brandteige: Blech fetten und leicht mit Mehl bestäuben.

Echter Blätterteig: Blech nicht fetten, nur mit Wasser beträufeln.

Quarkblätterteig: Blech fetten, mit Wasser beträufeln (bei Kleinbackwerk das Blech nur fetten).

Für Hefe- und Rührteige Bleche, Kuchen- und Tortenformen fetten. Für Biskuitteige nur den Boden der Form mit Pergamentpapier auslegen oder fetten. Backformen für Mürbeteige nicht fetten.

●

Gebäcke, die sich schlecht aus der Form lösen lassen, stellen Sie kurze Zeit auf ein ganz nasses Tuch.

●

Kleingebäck lösen Sie nach dem Abbacken sofort vom Blech und legen es zum Auskühlen auf einen Gitterrost.

Hohe Kuchen (z. B. Napfkuchen, Käsekuchen) bleiben nach dem Abbacken noch 10 Minuten im ausgeschalteten Backofen.

Zum Ausbacken in Fett eignen sich Brand-, Hefe-, Knet- und Rührteige. Zur Fettprobe halten Sie einen Holzlöffelstiel in das erhitzte Fett. Bildet sich ein Bläschenkranz, so ist die richtige Temperatur erreicht.

●

Für feine Kuchen oder Torten legen Sie Bleche oder Formen mit Pergamentpapier aus. Dazu schneiden Sie in Größe der Formen das Futter zu, knicken das Papier ggf. in Form und setzen es in die gefettete Spring- oder Kastenform.

Bei Biskuittortenböden legen Sie nur den Boden der Springform mit Papier aus und lassen den Rand ungefettet, damit die Torte weder einen »Buckel« bekommt noch in der Mitte einsinkt.

●

Schnell und problemlos lassen sich Gebäcke aus vorbereiteten gekühlten oder tiefgekühlten Teigen und fertigen Backmischungen herstellen. Dabei sind stets die Anweisungen auf den einzelnen Packungen zu beachten.

Mit dem Quirl und Mixstab können im dazugehörigen Boden Zutaten wie Mandeln, Nüsse etc. zerkleinert werden.

Biskuitteige

1. Mit Quirl und Schlägern
In einer hohen Rührschüssel Eiweiß und Wasser auf der höchsten Schaltstufe sehr steif schlagen. Zucker und Vanillezucker unter Schlagen einrieseln lassen. Auf die niedrigste Schaltstufe umschalten. Eigelb leicht unter die Eiweißmasse heben und zuletzt das Gemisch aus Mondamin, Mehl und Backpulver daruntermischen. Rührdauer ca. 3 Minuten.

2. Von Hand mit Schneebesen
Eiweiß und Wasser sehr steif schlagen. Zucker und Vanillezucker einrieseln lassen und kurz darunterschlagen. Das Eigelb darunterziehen. Mondamin, Mehl und Backpulver vermischen und leicht unterheben. Rührdauer ca. 10 Minuten.

Zubereitung siehe oben.
Das Blech mit Papier auslegen. Die Biskuitplatte nach dem Backen auf eine gezuckerte Serviette oder auf Papier stürzen, das auf der Unterseite haftende Papier mit Wasser befeuchten und ablösen. Biskuitplatte mit Marmelade bestreichen, von der kürzeren Seite her aufrollen und mit Puderzucker bestäuben.
Einstellung: Normalherd 210–220 ● *Einschubhöhe: Mitte* ● *Backzeit: 12–15 Minuten* ● *Heißluftherd: Mitte Bereich* ▭

Biskuitrolle

4 Eiweiß   *80 g Mondamin*
4 Eßlöffel kaltes Wasser *80 g Mehl*
200 g Zucker   *1 gestrichener Teelöffel*
1 Päckchen Vanillezucker *Backpulver*
4 Eigelb   *Füllung: 1 Glas Marmelade*
                    Zum Bestäuben: Puderzucker

Den Tortenboden mit Papier auslegen. Torte nach dem Backen mit einem spitzen Messer vom Springformrand lösen, stürzen und das auf der Unterseite haftende Papier abziehen. Nach dem Erkalten durchschneiden, beliebig füllen und verzieren. Zum Durchschneiden den Rand mit einem spitzen Messer einschneiden, in den Einschnitt einen Faden legen, diesen überkreuzen und vorsichtig durchziehen.
Einstellung: Normalherd: 170 – 190 ● *Einschubhöhe: Mitte* ● *Backzeit: 25 – 35 Minuten* ● *Heißluftherd: Mitte Bereich* ▭

Veränderung: Wünschen Sie eine dunkle Biskuitrolle oder -torte, dann erhöhen Sie die Zuckermenge um 20 bis 30 g und fügen dem Mehlgemisch 30 g Kakao zu. Wünschen Sie eine Nußrolle oder -torte, dann verringern Sie die Mehlmengen um 50 g und unterziehen mit dem restlichen Mehlgemisch etwa 100 bis 150 g Nüsse.

Biskuittortenboden

8 Eiweiß   *8 Eigelb*
150 g Zucker   *2 Eßlöffel Rum*
1 Päckchen Vanillezucker *100 g Mehl*
                    100 g Mondamin

Schokoladen-Kirschtorte oder -Schnitten

3 Eiklar
3 Eßlöffel Wasser
150 g Zucker
1 Vanillezucker
3 Eigelb
50 g Mondamin
50 g Mehl
30 g Kakao
1 gestrichener Teelöffel Backpulver

Füllung:
750 g entsteinte, gedünstete Sauerkirschen
etwa 5 Eßlöffel Zucker
2 Eßlöffel Kirschwasser
¼ l Sauerkirschsaft
20 g Speisestärke
–
3/8 l Sahne
3 Eßlöffel Kirschwasser
100 g Schokolade

Biskuitteigzubereitung, wie auf Seite 107 beschrieben. Teig in eine nur am Boden gefettete Springform (24 cm Ø) füllen und im vorgeheizten Ofen backen. Danach auskühlen lassen und zweimal durchschneiden. Für die Füllung die Kirschen zuckern, Kirschwasser dazugeben, durchziehen und danach abtropfen lassen. Fruchtsaft evtl. mit Wasser zu 1/4 l auffüllen, zum Kochen bringen und mit in kaltem Wasser angerührter Speisestärke unter Rühren einmal aufkochen lassen. Sahne sehr steif schlagen, Schokolade raspeln. Die Hälfte der Sahnemenge auf den unteren Boden streichen und mit Schokolade bestreuen. Den zweiten Boden darauflegen. Die Torte mit restlicher Schlagsahne bestreichen und mit Kirschen und Schokolade garnieren.

Einstellung: Normalherd: 170 – 190 ● Einschubhöhe: unten ● Backzeit: 30 – 40 Minuten ● Heißluftherd: Mitte Bereich

---

Blitzbiskuit

3 Eier
3 Eßlöffel Wasser
150 g Zucker
1 Vanillezucker
60 g Speisestärke
60 g Mehl
1 gestrichener Teelöffel Backpulver

Biskuitteigzubereitung, wie auf Seite 107 beschrieben. Diese Teigmasse kann als Biskuitplatte für Rollen oder auch als Tortenboden verwendet werden. Im vorgeheizten Ofen backen.

Einstellung: Normalherd: 200 – 220 ● Einschubhöhe: Mitte ● Backzeit: 13 – 15 Minuten ● Heißluftherd: Mitte Bereich

Rührteige

Zubereitung

1. Mit Quirl und Knetern oder Ständer und Schüssel oder Küchenmaschine

Mehl, Mondamin und Backpulver in eine hohe Rührschüssel geben. Weiches Fett, Zucker, Vanillezucker, eventuell Zitronenschale, Eier und Milch daraufgeben. Damit das Mehl nicht staubt, auf der niedrigsten Schaltstufe beginnen, dann auf der höchsten Schaltstufe alles gut verrühren. Zuletzt Zutaten wie Rosinen, Mandeln, Zitronat oder Schokolade untermischen.
Rührdauer: 2 Minuten

2. Von Hand mit Schneebesen

In einer Rührschüssel weiches Fett schaumig rühren. Zitronenschale oder Vanillezucker dazugeben. Abwechselnd Zucker, Eier und dann das Gemisch aus Mondamin, Mehl, Backpulver und Milch darunterrühren. Zuletzt nach Belieben Rosinen, Mandeln, Zitronat oder Schokolade untermischen.
Rührdauer: 15 – 20 Minuten

Vorbereitung der Formen: Napfkuchen- und Rehrückenformen mit streichfähiger Margarine gut ausstreichen. Kastenformen mit einem Pergamentpapierfutter auslegen und bei Rührteig I innen fetten. Bei Springformen nur den Boden fetten. Bei Kasten- und Springformen vor Herausnahme des Kuchens mit einem Messer den Rand lösen.

Ein guter Rat: Die Kuchen lösen sich besser, wenn sie nach dem Backen, bevor sie aus der Form genommen werden, etwa 10 bis 15 Minuten stehen.

Anmerkung: Rührteige I, II und III eignen sich zur Herstellung von allen Napfkuchen und Kastenkuchen.

Rührteig I

250 g Butter oder Margarine
200 g Zucker
1 Vanillezucker
3 Eier
500 g Mehl
1 Backpulver
etwa 1/8 l Milch

Rührteig II

200 g Butter oder Margarine
200 g Zucker
1 Vanillezucker
4 Eier
100 g Mehl
50 g Mondamin
50 g Kakao
3 g Backpulver
(1 gestr. Teelöffel)
50 g geriebene Schokolade
100 g Mandeln oder Nüsse
1 Gläschen Rum

Rührteig III

(Sandkuchenteig)

300 g Butter oder Margarine
250 g Zucker
1 Vanillezucker
abgeriebene Zitronenschale
5 Eier
200 g Mehl
100 g Speisestärke
3 g Backpulver
(1 gestrichener Teelöffel)

Raisin cake
(Dauerkuchen)

250 g Butter oder Margarine
4 Eier
200 g Zucker
1 Vanillezucker
abgeriebene Schale einer Zitrone und Apfelsine
1 Prise Salz

250 g Mehl
2 Eßlöffel Orangensaft
–
65 g Zitronat
65 g Orangeat
200 g Sultaninen
200 g Korinthen
150 g geschälte Mandeln

Rührteig wie auf Seite 109 beschrieben zubereiten. Orangeat und Zitronat fein würfeln, Korinthen und Sultaninen mehrmals gut waschen, abtropfen lassen und alles mit der Hälfte grobgemahlener Mandeln mischen. Die Zutaten unter den Teig heben, in eine mit Pergamentpapier ausgelegte Kastenform füllen, obenauf mit der anderen Hälfte der Mandelmischung bestreuen und backen.

Einstellung: Normalherd: 160 – 180 ● *Einschubhöhe: unten* ● *Backzeit: 80 – 90 Minuten* ● *Heißluftherd: Anfang bis Mitte Bereich*

Ein guter Rat: Orangeat, Zitronat können Sie bereits gewürfelt und Mandeln abgezogen und gestiftet oder feinblättrig geschnitten in kleinen Mengen abgepackt kaufen. Sie sparen viel Vorbereitungszeit.

Anmerkung: Raisin cake ist ein Dauerkuchen, der sich, in Alufolie verpackt und an kühlem Ort aufgehoben, mehrere Wochen hält.

Feiner Rehrücken

200 g Butter oder Margarine
200 g Zucker
1 Vanillezucker
4 Eier
100 g Mehl
50 g Speisestärke
50 g Kakao
3 g (1 gestrichener Teelöffel) Backpulver

50 g geriebene Schokolade
100 g Mandeln oder Nüsse
1 Gläschen Rum
–
100 g saure Konfitüre
Schokoladenguß
50 g Mandeln, abgezogen und gestiftelt

Rührteig wie beschrieben zubereiten, geriebene Schokolade, Mandeln oder Nüsse mit dem Rum unterziehen. Teig in eine gut gefettete Rehrückenform geben und backen. Nach dem Erkalten den Kuchen einmal durchschneiden, mit Konfitüre bestreichen, zusammensetzen, mit Schokoladenguß überziehen und mit abgezogenen, in Stifte geschnittenen Mandeln spicken. Dazu mit einem Hölzchen in gleichmäßigen Abständen in den Guß Löcher stechen und die Mandelstifte hineinstecken.

Einstellung: Normalherd: 170 – 190 ● *Einschubhöhe: unten* ● *Backzeit: 60 – 70 Minuten* ● *Heißluftherd: Mitte Bereich*

Festtagsnapfkuchen

Rührkuchenteig wie auf Seite 109 beschrieben zubereiten. Abgezogene, gestiftelte Mandeln, kleingeschnittene, kandierte Früchte und gut gewaschene Rosinen unter den Teig heben, in eine gut gefettete Napfkuchenform füllen und backen. Nach dem Backen den Kuchen mit Puderzucker übersieben.

Einstellung: Normalherd: 170 – 190 ● *Einschubhöhe: unten* ● *Backzeit: 60 – 70 Minuten* ● *Heißluftherd: Mitte Bereich*

200 g Butter oder Margarine	*1 Backpulver*
200 g Zucker	*etwa 1/8 l Milch*
1 Vanillezucker	–
3 bis 4 Eier	*100 g Mandeln, abgezogen und gestiftelt*
500 g Mehl	*150 g kandierte Früchte*
	50 g Rosinen
	–
	Puderzucker

Marmorkuchen

Rührkuchenteig wie auf Seite 109 beschrieben zubereiten. 2/3 der Teigmasse in eine gut gefettete Napfkuchenform füllen, in den Rest des Teiges gesiebten Kakao, Zucker und Milch einrühren und den dunklen Teig auf dem hellen gleichmäßig verstreichen. Mit einer Gabel beide Teige spiralenförmig marmorieren.

Einstellung: Normalherd: 170 – 190 ● *Einschubhöhe: unten* ● *Backzeit: 60 – 70 Minuten* ● *Heißluftherd: Mitte Bereich*

200 g Butter oder Margarine	*1 Backpulver*
200 g Zucker	*etwa 1/8 l Milch*
1 Vanillezucker	–
3 bis 4 Eier	*30 g Kakao*
500 g Mehl	*25 g Zucker*
	1 bis 2 Eßlöffel Milch

Ein guter Rat:

- Zu lange gerührtes Mehl macht den Teig zäh.
- Sultaninen, Korinthen oder Rosinen waschen, abtropfen lassen, in Mehl wenden und erst zum Schluß unter den Teig geben.

Mürbeteige

Zubereitung

Quirl mit Knetern. – Mehl, ggf. Backpulver in eine hohe Schüssel sieben, Ei, Zucker, Gewürze und streichfähiges Fett in Flöckchen darüber verteilen. Zutaten auf niedriger Schaltstufe kneten, zum Schluß den Teig auf höchster Schaltstufe kurz durcharbeiten. Teig von Hand zu einem Ballen formen und weiterverarbeiten.

Von Hand auf dem Backbrett. – Das mit Backpulver gemischte Mehl auf ein Backbrett sieben, in den Mehlberg mit einem Löffelrücken eine Vertiefung drücken, Zucker, Gewürze, Eier und, wenn angegeben, Flüssigkeit langsam nach und nach, am zweckmäßigsten mit einer Gabel einarbeiten. Das kalte, in kleine Stückchen geschnittene Fett daraufgeben und je nach Rezept Nüsse, Früchte usw. darüberstreuen. Alles mit Mehl bestäuben, schnell einen Teig kneten und je nach Rezeptangabe weiterverarbeiten und backen. Zu weich gewordenen Mürbeteig kalt stellen.

Für Mürbeteige, die von Hand zubereitet werden, alle Zutaten kalt verwenden.

Mürbeteig vor dem Weiterverarbeiten – vor allem, wenn er kleben sollte – immer wieder kalt stellen.
●
Vor dem Abbacken Teigböden mehrere Male mit der Gabel einstechen, damit sich keine Luftblasen bilden.
●
Kaltes Fett mit einem in heißes Wasser getauchten Messer in Würfel schneiden und auf den Mehlrand setzen.

Für die Teigzubereitung feinen Zucker verarbeiten. Grober Zucker sowie grob gemahlene Mandeln oder Nüsse machen den Teig brüchig.

Gedeckte Apfelschnitten

400 g Mehl
2 gestrichene Teelöffel Backpulver
1 Vanillezucker
125 g Zucker
2 Eier
etwa 2 bis 3 Eßlöffel Milch
200 g Butter oder Margarine

Belag:
1 bis 1½ kg Äpfel
50 bis 100 g Zucker
50 g Rosinen
50 g Mandeln
etwas Zimt
etwas Rum
etwas Zitronenbacköl

Mürbeteig wie oben beschrieben zubereiten. Teig kalt stellen, dann zwei Drittel auf dem Backblech ausrollen, darauf die Apfelfülle gleichmäßig verteilen. Letztes Teigdrittel zu einer dünnen Teigplatte in Blechgröße ausrollen und über die Äpfel als Platte oder nach Beleiben in Streifen als Gitter legen. Kuchen im vorgeheizten Ofen backen. Für die Füllung Äpfel waschen, schälen, in Blättchen schneiden, mit Zucker, Gewürzen, gehackten Mandeln und gut gewaschenen Rosinen mischen.
Einstellung: Normalherd: 200 – 220 ● *Einschubhöhe: Mitte* ● *Backzeit: 35 – 45 Minuten* ● *Heißluftherd: Mitte Bereich*

Schokoladen-Kirsch-Schnitten
Rezept siehe Seite 108

Krümeltorte

Mürbeteig wie auf Seite 112 beschrieben zubereiten. Er darf nicht glatt werden, sondern muß krümelig bleiben. Ungefetteten Boden einer Springform (26 cm Ø) mit der Hälfte der Krümel belegen, mit einem Löffelrücken etwas andrücken, vorbereitetes Obst oder Konfitüre gleichmäßig darauf verteilen, die übrigen Krümel darüberstreuen. Nach dem Abbacken und Abkühlen die Torte mit Puderzucker übersieben.

Einstellung: Normalherd: 170 – 190 ● Einschubhöhe: Mitte ● Backzeit: 40 – 50 Minuten ● Heißluftherd: Mitte Bereich

300 g Mehl
3 gestrichene Teelöffel Backpulver
1 Ei
150 g Zucker
½ Teelöffel Zimt
100 g Butter oder Margarine

Füllung:
500 bis 750 g rohes oder gekochtes Obst
300 g saure Konfitüre
zum Bestreuen:
Puderzucker

Makronenschnitten

Mürbeteig wie auf Seite 112 beschrieben zubereiten. Teig auf dem Backblech ausrollen, dazu das Backblech auf ein feuchtes Tuch stellen. Für den Belag Eiklar zu steifem Schnee schlagen, Zucker nach und nach mit unterschlagen, geriebene Nüsse untermengen. Teigplatte mit Marmelade bestreichen, die Nußmasse gleichmäßig hoch darauf verteilen. Nach dem Backen den Kuchen noch heiß, je nach Belieben in Streifen oder Rechtecke schneiden. Kleingeschnitten kann er auch in einer Dose aufbewahrt werden.

Einstellung: Normalherd: 200 – 220: ● Einschubhöhe: Mitte ● Backzeit: 35 – 45 Minuten ● Heißluftherd: Mitte Bereich

400 g Mehl
2 gestrichene Teelöffel Backpulver
100 g Zucker
4 Eigelb
2 bis 3 Eßlöffel Milch
200 g Butter oder Margarine

Belag:
4 Eiklar
100 g Zucker
2 Tropfen Bittermandelöl
300 g Nüsse oder Mandeln (gemahlen)
–
250 g Marmelade

Kirsch-Quarkschnitten

Mürbeteig wie auf Seite 112 beschrieben herstellen und auf dem Blech ausrollen. Eiklar zu steifem Schnee schlagen, vorsichtig unter die kremig gerührte Quarkmasse ziehen und diese gleichmäßig auf die Teigplatte streichen. Gewaschene, entsteinte Kirschen auf der Quarkmasse gleichmäßig verteilen und den Kuchen im vorgeheizten Ofen backen.

Einstellung: Normalherd: 200 – 220 ● Einschubhöhe: Mitte ● Backzeit: 40 – 50 Minuten ● Heißluftherd: Mitte Bereich

500 g Mehl
3 gestrichene Teelöffel Backpulver
1 Vanillzucker
125 g Zucker
4 Eigelb
etwa 3 bis 4 Eßlöffel Milch
250 g Butter oder Margarine

Belag:
1 kg Quark
200 g Zucker
1 Vanillezucker
50 g Butter, zerlassen
etwas abgeriebene Zitronenschale
4 Eiklar
250 g Kirschen

Hefeteige

Hefeteig I

500 g Mehl
30 g Hefe
100 g Zucker, Salz
1 Vanillezucker
abgeriebene Zitronenschale
1/8 l lauwarme Milch
2 Eier
100 g Butter oder Margarine
100 g Rosinen
Mandeln nach Belieben

Zubereitung:

1. Mit Quirl und Knetern oder Ständer und Schüssel
Für die Zubereitung von Hefeteig alle Zutaten handwarm verwenden.
Mehl, Zucker, Salz, weiches Fett, eventuell Eier und lauwarme Milch in eine hohe Rührschüssel geben. Die feingebröckelte, frische Hefe oder die nach Anweisung vorbereitete Trockenhefe darüber geben. Mit der niedrigsten Schaltstufe beginnen, bis das Mehl nicht mehr staubt, dann auf der höchsten Schaltstufe weiterkneten, bis sich der Teig vom Schüsselrand löst. Knetdauer ca. 5–6 Minuten. Den Hefeteig abgedeckt gehen lassen, bis er sich weich anfühlt. Die Gehdauer hängt von der Teigtemperatur ab. Der Backofen mit niedrigster Einstellung liefert die geeignete Temperatur.

Hefeteig II
für Fettgebackenes

500 g Mehl
50 g Hefe
100 g Zucker
1 Vanillezucker
abgeriebene Zitronenschale
Salz
1/8 l lauwarme Milch
3 Eigelb
1 Gläschen Rum
80 g Butter oder Margarine

2. Von Hand mit Rührlöffel
Das handwarme Mehl durchsieben, in das Mehl eine Vertiefung eindrücken, Zucker an den Rand daraufstreuen, Hefe fein verreiben und in die Vertiefung geben. Mit einem Teil der lauwarmen Milch aus Hefe und etwas Mehl einen dünnen Brei herstellen, diesen mit Mehl und Zucker bestreuen, mit einem Tuch zudecken und an einen warmen Ort stellen. Der Brei soll beim Gehen ungefähr doppelt so hoch werden und großporig aussehen; das dauert 15 bis 25 Minuten. Wenn das Hefestück gegangen ist, verquirlte Eier, Salz und Milch lauwarm in den Hefeteig einrühren und nach und nach mit dem Mehl verarbeiten. Lauwarmes, flüssiges Fett zum Schluß einarbeiten und kräftig abschlagen. Sobald sich der Teig vom Rührholz löst, Früchte, Rosinen usw. hinzugeben. Den Teig je nach Rezept formen und vor dem Backen nochmals gehen lassen.

Einstellung für Blechkuchen: Normalherd: 200–220 • Einschubhöhe: Mitte • Backzeit: richtet sich nach dem Belag • Heißluftherd: Mitte Bereich ▭
Beim Backen von 2 Blechen gleichzeitig Einschubhöhe 1 und 4

Einstellung für Zöpfe, Kränze, Stollen: Normalherd: 190–200 • Einschubhöhe: unten oder Mitte • Backzeit: richtet sich nach Größe und Gewicht • Heißluftherd: Anfang bis Mitte Bereich ▭

Hefeteig III
salzig

500 g Mehl
25 g Hefe
1/4 l lauwarme Milch
2 Eier
2 Teelöffel Salz
70 g Butter oder Margarine

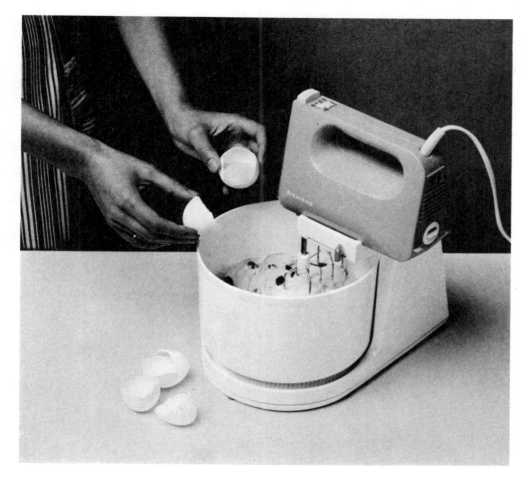

Der Quirl wird ganz einfach auf den Ständer mit Drehschüssel gesteckt und sicher verriegelt. Dann arbeitet er mit voller Kraft, rührt mit hohem Tempo – und Sie haben beide Hände frei. Selbst schwere Teige, die eine längere Bearbeitungszeit benötigen, schafft der Quirl mit Dauerbetrieb leicht.

Blechkuchen mit Belag

375 g Mehl
25 g Hefe
75 g Zucker
1 Prise Salz
1 Vanillezucker
etwas abgeriebene
Zitronenschale
⅛ l lauwarme Milch
1 Ei
100 g Butter oder
Margarine

Belag:
1 bis 1½ kg Obst
(Äpfel, Kirschen oder
Zwetschgen)

Bienenstich:
125 g Butter oder
Margarine
175 g Zucker
1 Vanillezucker
150 g gehackte Mandeln
etwa 3 bis 5 Eßlöffel Milch

Streusel:
400 g Mehl
200 g Zucker
1 Vanillezucker
etwas Zimt
250 g Butter oder
Margarine

Hefeteig, wie auf Seite 114 beschrieben, zubereiten und auf ein gefettetes Blech geben, nach Wahl mit Obst, Bienenstich, Mohn, Quark oder Streusel belegen. Noch einmal 20 Minuten vor dem Backen gehen lassen.

Obst: je nach Art waschen, entkernen bzw. in Scheiben schneiden und gleichmäßig 1 cm vom Rand entfernt auf dem Teig verteilen. Nach Belieben mit Streuseln bedecken.

Bienenstich: Fett zerlassen, abgezogene, gehackte Mandeln mit Zucker hinzufügen und das Ganze einmal aufkochen. Milch hinzufügen, die Masse abkühlen lassen und auf dem Hefeteig verteilen.

Streusel: Zerlassenes Fett auf alle übrigen Zutaten in eine Schüssel gießen, mit einem Wender oder mit Quirl mit Knetern durcharbeiten, bis die Masse Klümpchen gibt.

Einstellung: Normalherd: 200 – 220 ● Einschubhöhe: Mitte ● Backzeit: 35 – 45 Minuten mit Obstbelag, 25 – 35 Minuten mit anderem Belag
Heißluftherd: Mitte Bereich ▭ ● Bei 2 Blechkuchen gleichzeitig Einschubhöhe 2. und 4. Ebene ● Backzeit etwa 15–20 Minuten länger als bei einem Blechkuchen

Ein guter Rat:
Es empfiehlt sich, im Heißluftherd nicht mehr als 2 Blechkuchen mit feuchtem Belag gleichzeitig zu backen. Je nach Belag verlängert sich dann die Backzeit, so daß kein Zeitgewinn entsteht. Das Backergebnis leidet darunter.

Hefezopf

500 g Mehl
30 g Hefe
100 g Zucker, Salz
1 Vanillezucker
abgeriebene Zitronenschale
⅛ l lauwarme Milch
–
2 Eier

100 g Butter oder
Margarine
100 g Rosinen
Mandeln nach Belieben
–
1 Eigelb und Wasser
35 g Mandeln, gestiftelt

Hefeteig, wie auf Seite 114 beschrieben, zubereiten. Aus dem Teig drei Rollen formen und diese zu einem Zopf flechten. Den Zopf obenauf mit verquirltem Eigelb bestreichen und mit gestiftelten Mandeln bestreuen. Vor dem Abbacken auf dem gefetteten Blech nochmals etwa 20 Minuten gehen lassen.

Einstellung: Normalherd: 180–200 ● Einschubhöhe: Mitte ● Backzeit: 30 – 40 Minuten ● Heißluftherd: Anfang bis Mitte Bereich ▭

Brandteig

Teigzubereitung:
Von Hand mit Rührlöffel Wasser und Fett zum Kochen bringen, von der Kochstelle nehmen, das gesiebte Mehl auf einmal einschütten, gut durchrühren und auf der ausgeschalteten Kochplatte abbrennen. Das heißt, den glatten Kloß unter ständigem Rühren noch einige Minuten erhitzen, bis sich am Boden des Topfes ein trockener, weißer Belag zeigt. Der Teig ist abgebrannt. Kloß in eine Schüssel geben, Eier einzeln einrühren, bis der Teig goldgelb ist und in langen Spitzen zähflüssig vom Löffel reißt. Backpulver zum Schluß in den erkalteten Teig einrühren, Blech leicht fetten und mit Mehl bestäuben.

Mit Quirl und Knetern
Den abgebrannten Teig in eine hohe Rührschüssel geben, die Eier nach und nach unterrühren. Zum Schluß das Backpulver zugeben.

Ein guter Rat: Um ein Zusammenfallen während des Backens zu verhindern, soll der Backofen bis zur ersten Hälfte der Backzeit nicht geöffnet werden.

Zugabe von Eiern richtet sich nach der Beschaffenheit des Teiges, der Teig darf nicht zu flüssig sein, sondern soll in langen Spitzen vom Löffel fallen.

Windbeutel

1/4 l Wasser
50 g Butter oder Margarine
1 Prise Salz
150 g Mehl

4 – 6 Eier
1 gestrichener Teelöffel Backpulver

Brandteig wie oben beschrieben zubereiten. Gleichgroße Häufchen auf das wenig gefettete, mit Mehl bestäubte Blech setzen.

Nach dem Backen die Windbeutel noch heiß aufschneiden, erkalten lassen. Mit Schlagsahne oder Creme füllen und mit Puderzucker bestäuben.

Einstellung: Normalherd: 200 – 250 ● *Einschubhöhe: Mitte* ● *Backzeit: etwa 30 – 40 Minuten* ●
Heißluftherd: Ende Bereich

Brandteig wie beschrieben zubereiten. Auf das wenig gefettete, mit Mehl bestäubte Blech etwa walnußgroße Häufchen setzen und im vorgeheizten Ofen backen. Nach dem Abbacken die Windbeutel aufschneiden, erkalten lassen und mit pikanter Krem füllen.

Einstellung: Normalherd: 200–220 • Einschubhöhe: Mitte • Backzeit 20–30 Minuten • Heißluftherd: Ende Bereich

Pikante Windbeutelchen

⅛ l Wasser
25 g Butter
80 g Mehl
1 Prise Salz

2 bis 3 Eier
½ gestrichener Teelöffel Backpulver

Brandteig wie beschrieben zubereiten. Blech fetten und mit Mehl bestäuben. Teig in einen Spritzbeutel füllen und auf das Blech längliche Streifen von 8 bis 10 cm Länge spritzen, immer zwei dicht nebeneinander und einen dritten oben auf. Im vorgeheizten Ofen backen.

Einstellung: Normalherd: 200 – 220 • Einschubhöhe: Mitte • Backzeit: 30 – 40 Minuten • Heißluftherd: Ende Bereich

Nach dem Backen Eclairs sogleich vom Blech nehmen, der Länge nach aufschneiden, erkaltet mit Mokkasahne füllen, zusammensetzen und mit Puderzucker oder Mokkaguß überziehen. Für die Füllung gemahlene Gelatine mit kaltem Wasser verrühren und etwa 10 Minuten zum Quellen stehenlassen, vorsichtig unter ständigem Rühren bis zum Flüssigwerden erwärmen, aber nicht kochen. Sahne recht steif schlagen, Zutaten nach und nach einschlagen und die erkaltete, flüssige Gelatine unterziehen.

Liebesknochen

(Eclairs)

¼ l Wasser
50 g Butter oder Margarine
150 g Mehl
etwas Salz
–
4 bis 6 Eier, je nach Größe
1 gestrichener Teelöffel Backpulver

Füllung:
2 Teelöffel gemahlene Gelatine
3 Eßlöffel Wasser
½ l Schlagsahne
100 g Zucker
2 bis 3 Teelöffel Pulverkaffee

Quarkölteig

200 g gut ausgepreßter Quark
6 Eßlöffel Milch
8 Eßlöffel Öl
1 Ei
100 g Zucker
1 Vanillezucker
etwas Salz
400 g Mehl
1 Päckchen und 2 gestrichene Teelöffel Backpulver

Alle Zutaten in eine hohe Schüssel geben und mit dem Quirl mit Knetern zu einem glatten Teig verkneten. Den Teig beliebig füllen, formen oder als Blechkuchenteig verwenden.
Als Belag eignet sich 1 bis 1 1/2 kg Obst: z. B. Äpfel, Kirschen, Zwetschgen, Aprikosen usw.
Bienenstich aus 150 g Butter, 200 g Zucker, 200 g abgezogenen, feingehackten oder durchgedrehten Mandeln, Nüssen oder Kokosflocken. Alles kurz aufkochen und erkaltet aufstreichen.
Streusel aus 400 g Mehl, 200 g Zucker, 1 Vanillezucker, Zimt, 200 g Butter oder Margarine. Alle Zutaten mit den Händen oder mit Quirl und Knetern leicht verkrümeln. Fett dafür zerlassen.
Mohnbelag aus 250 g Mohn, 1/4 l heißer Milch, 1 Eßlöffel Honig, 50 g Zucker, 100 g Rosinen, 100 g abgezogenen, gestiftelten Mandeln, abgeriebener Zitronenschale, 1 Ei, 50 g Butter. Den gemahlenen Mohn mit der heißen Milch überbrühen, alle anderen Zutaten untermengen, etwas quellen lassen und erkaltet aufstreichen.

Schaltung und Backzeit je nach Art des Kuchens, siehe bei Hefekuchen auf den Seiten 114 und 116.

Schinkenhörnchen aus Quarkblätterteig

250 g Mehl
2 gestrichene Teelöffel Backpulver
250 g trockener Quark
etwas Salz
250 g Butter oder Margarine

Füllung:
150 g durchwachsener Schinkenspeck
1 große Zwiebel
–
1 Eiklar
1 Eigelb

Alle Zutaten in eine hohe Schüssel geben und mit dem Quirl und Knetern schnell zu einem glatten Teig verkneten und mindestens 30 Minuten kalt stellen. Dann den Blätterteig zu einem Rechteck ausrollen, die beiden Enden der Schmalseiten zur Mitte einschlagen, wie ein Buch zusammenklappen und den Teig ruhen lassen. Diesen Vorgang drei- bis viermal wiederholen.
Inzwischen Schinkenspeck und Zwiebeln feinwürfeln. Schinkenwürfel glasig dünsten, Zwiebelwürfel hinzugeben und goldgelb schmoren. Fülle abkühlen lassen. Quarkblätterteig ausrollen, mit Hilfe eines Springformbodens Kreise ausrädern, diese vierteln, an die breiteste Stelle einen Teelöffel von der Füllmasse geben und die Ränder mit Eiklar bestreichen. Hörnchen aufrollen, mit verquirltem Eigelb bestreichen und auf bemehltem Blech abbacken.

Einstellung: Normalherd: 200 – 220 ● Einschubhöhe: Mitte ● Backzeit: 15 – 20 Minuten
Heißluftherd: Mitte bis Ende ▭
Beim Backen von 2 Backblechen gleichzeitig Einschubhöhen 1 und 4
Beim Backen von 3 Backblechen gleichzeitig Einschubhöhen 1, 3 und 5
Einstellung Anfang Bereich ▭ ● *Die Backzeit verlängert sich um 10 – 15 Minuten*

Füllungen für Torten und Rollen

Vanillebutterkrem

1 Vanillepuddingpulver
75 g Zucker
1 Prise Salz

½ l Milch
—
200 g Butter oder
Margarine

Puddingpulver mit einem Teil der angegebenen Milchmenge glattrühren. Den Rest der Milch mit Zucker und Salz zum Kochen bringen, angerührtes Puddingpulver unter Schlagen einrühren und stromlos aufkochen lassen. Streichfähiges Fett schaumig rühren, erkaltete Speise löffelweise zugeben und eine glatte Krem rühren. Flammeri und Fett sollen die gleiche Temperatur haben.

Schokoladenbutterkrem

1 Schokoladenpuddingpulver
100 g Zucker
20 g Kakao

½ l Milch
—
200 g Butter oder
Margarine

Kakao mit Zucker, Puddingpulver und einem Teil der Milch glattrühren. Übrige Arbeitsweise wie »Vanillebutterkrem«.

Mokkabutterkrem

1 Vanille- oder
Schokoladenpuddingpulver
100 g Zucker
½ l Milch

200 g Butter oder
Margarine, 2 gehäufte
Teelöffel Bohnenkaffee-
extrakt (Pulverform)

Arbeitsweise wie »Vanillebutterkrem«.
In die fertige Krem Pulverkaffee einschlagen.

Nußsahnefüllung

1 Mandelpuddingpulver
100 g Zucker
⅜ l Milch

100 g gemahlene Nüsse
½ l Schlagsahne
1 bis 2 Eßlöffel Rum

Aus den angegebenen Zutaten einen festen Mandelflammeri bereiten, gemahlene Nüsse untermengen und unter zeitweiligem Umrühren erkalten lassen. Sahne recht steif schlagen, erkaltete Nußkrem löffelweise unterschlagen, Rum unterziehen.

Reine Butterkrem

250 g Butter
180 g Puderzucker
2 bis 3 Eigelb

1 Vanillezucker
beliebige Zutaten, je nach
Geschmack

Butter weißschaumig rühren, gesiebten Puderzucker, Vanillezucker und verquirltes Eigelb nach und nach darunterrühren. Das Rezept läßt sich durch verschiedene Geschmackszutaten verändern; Rum, Arrak, Pulverkaffee, Kakao, Kuvertüre, gemahlene Mandeln oder Nüsse, kandierte Früchte oder feingeschnittenes, gedünstetes Obst.

Eiweißgebäcke

Eiklar mit Quirl und Schlägern schnittfest schlagen, Zucker und Zitronensaft nach und nach unter weiterem Schlagen zugeben. Auf Oblaten oder ein gewachstes, warmes Blech mit einem Spritzbeutel oder zwei Teelöffeln Baisers aufsetzen und im warmen Ofen mehr trocknen als backen.
Einstellung: Normalherd: 100 – 120 ● *Einschubhöhe: Mitte* ● *Backzeit: 80 – 90 Minuten*
Heißluftherd: Vorheizen Mitte Bereich 🔥 ● *nach dem Einschieben Mitte Bereich* ✋*
Backzeit 120 – 130 Minuten
Beim Backen von 2 Blechen gleichzeitig Einschubhöhen 1 und 4
Beim Backen von 3 Blechen gleichzeitig Einschubhöhen 1, 3 und 5

Baisers
4 Eiklar
200 g Puderzucker
1 bis 2 Teelöffel Zitronensaft

Eiklar mit Quirl und Schlägern schnittfest schlagen, Zucker und Zitronensaft nach und nach unter weiterem Schlagen zugeben. Kokosraspeln, gemahlene Nüsse oder Mandeln vorsichtig unterziehen. Häufchen auf Oblaten setzen und mehr trocknen als backen.
Einstellung: Normalherd: 130 – 150 ● *Einschubhöhe: Mitte* ● *Backzeit: 25 – 35 Minuten*
Heißluftherd: Ende Bereich 🔥 ● *nach 8 Minuten umschalten auf Ende Bereich* ✋*
Backzeit 30 – 40 Minuten
Beim Backen von 2 Blechen gleichzeitig Einschubhöhen 1 und 4
Beim Backen von 3 Blechen gleichzeitig Einschubhöhen 1, 3 und 5
Backzeit: 40 – 50 Minuten

Makronen
4 Eiklar   200 g Kokosraspeln,
200 g Puderzucker   Haselnüsse oder abge-
1 bis 2 Teelöffel Zitronensaft   zogene, geriebene Mandeln

Eiklar mit Quirl und Schlägern schnittfest schlagen, Zucker und Zitronensaft unter weiterem Schlagen nach und nach zugeben. Die übrigen vorbereiteten Zutaten vorsichtig unterziehen. Aus dem Teig Häufchen auf Oblaten setzen und mehr trocknen als backen.
Einstellung: Normalherd: 130 – 150 ● *Einschubhöhe: Mitte* ● *Backzeit: 25 – 35 Minuten*
Heißluftherd: Ende Bereich 🔥 ● *nach 8 Minuten umschalten auf Ende Bereich* ✋*
Backzeit: 30 – 40 Minuten
Beim Backen von 2 Blechen gleichzeitig Einschubhöhen 1 und 4
Beim Backen von 3 Blechen gleichzeitig Einschubhöhen 1, 3 und 5
Backzeit: 40 – 50 Minuten

Wespennester
4 Eiklar   150 g geriebene Schokolade
200 g Puderzucker   50 g gemahlene Nüsse
1 bis 2 Teelöffel Zitronensaft

Weihnachtsgebäck

Gefüllte Plätzchen

250 g Mehl
1 gestrichener Teelöffel Backpulver
15 g Kakao
1 Ei
2 bis 3 Eßlöffel Milch
125 g Zucker

50 g geriebene Schokolade
125 g Butter oder Margarine
–
etwas rote Marmelade
–
Puderzucker

Alle Zutaten in eine hohe Rührschüssel geben und mit Quirl und Knetern zu einem glatten Teig verarbeiten. Den Teig kühl stellen, dann ausrollen, beliebig geformte Plätzchen ausstechen und bakken. Nach dem Backen je ein Plätzchen mit Marmelade bestreichen, mit einem zweiten Plätzchen belegen und mit Puderzucker bestäuben oder mit Zuckerguß bestreichen.

Einstellung: Normalherd: 200 – 220 ● *Einschubhöhe: Mitte* ● *Backzeit: 15 – 18 Minuten*
Heißluftherd: Mitte Bereich 🔲
Beim Backen von 2 Blechen gleichzeitig Einschubhöhen 1 und 4
Beim Backen von 3 Blechen gleichzeitig Einschubhöhen 1, 3 und 5
Einstellung: Anfang Bereich 🔲 ● *Backzeiten 5 bis 10 Minuten länger*

Nußtaler oder Nußstangen

400 g Mehl
2 gestrichene Teelöffel Backpulver
2 Eier
4 bis 6 Eßlöffel Milch
350 g Zucker

1 Vanillezucker
250 g Nüsse, gemahlen
250 g Butter oder Margarine
–
50 g ganze Nüsse
etwas Eigelb mit Milch
–
Hagelzucker

Alle Zutaten in eine hohe Rührschüssel geben und mit Quirl und Knetern zu einem glatten Teig verarbeiten. Für Nußtaler aus dem Teig etwa kirschgroße Kugel formen, auf das Backblech legen, mit verdünntem Eigelb bestreichen, eine Nuß in die Mitte eindrücken und im vorgeheizten Ofen bakken. Für die Nußstangen etwa 1 cm breite und 5 cm lange Rollen formen. Vor dem Backen mit verdünntem Eigelb bestreichen und in grobem Hagelzucker wälzen.

Einstellung: Normalherd 200 – 220 ● *Einschubhöhe: Mitte* ● *Backzeit: 15 – 18 Minuten*
Heißluftherd: Mitte Bereich 🔲
Beim Backen von 2 Blechen gleichzeitig Einschubhöhen 1 und 4
Beim Backen von 3 Blechen gleichzeitig Einschubhöhen 1, 3 und 5
Einstellung Anfang Bereich 🔲 ● *Backzeit bis 10 Minuten länger*

Zitronensterne

250 g Mehl
1 gestrichener Teelöffel Backpulver
1 Ei
1 Eßlöffel Zitronensaft
etwas abgeriebene Zitronenschale

100 g Zucker
1 Vanillezucker
125 g Butter oder Margarine
Zitronenguß:
200 g Puderzucker
2 bis 3 Eßlöffel Zitronensaft

Alle Zutaten in eine hohe Rührschüssel geben und mit Quirl und Knetern zu einem glatten Teig verarbeiten. Teig etwa 1/2 cm dick ausrollen, Sternformen ausstechen, backen und noch heiß mit Zitronenguß bestreichen. Für den Guß gesiebten Puderzucker mit Zitronensaft zu einer streichfähigen Masse verrühren.

Einstellung: Normalherd 200 – 220 ● *Einschubhöhe: Mitte* ● *Backzeit: 15 – 18 Minuten*
Heißluftherd: Mitte Bereich 🔲
Beim Backen von 2 Blechen gleichzeitig Einschubhöhen 1 und 4
Beim Backen von 3 Blechen gleichzeitig Einschubhöhen 1, 3 und 5
Einstellung Anfang Bereich 🔲 ● *Backzeiten: 5 – 10 Minuten länger*

Dresdener Weihnachtsstollen

Hefeteig, wie auf Seite 114 beschrieben, zubereiten. Inzwischen Sultaninen und Korinthen waschen, Zitronat mit Orangeat feinwürfeln, Mandeln brühen, abziehen, hacken und Zitronenschale abreiben. Die mit Mehl bestäubten Früchte unterkneten. Aus dem Teig zwei bis drei kleinere Stollen formen, auf einem gefetteten und bemehlten Blech nochmals kurz gehen lassen, dann im vorgeheizten Ofen backen. Die heißen Stollen mit flüssigem Schmalz bestreichen, mit Puderzucker übersieben und mit Vanillezucker bestreuen.

Einstellung: Normalherd: 170 – 190 ● *Einschubhöhe: Mitte* ● *Backzeit: 60 – 80 Minuten*
Heißluftherd: Anfang bis Mitte Bereich

750 g Mehl
250 g Speisestärke
50 g Hefe
250 g Zucker
¼ l Milch
–
150 g Schmalz
250 g Butter oder Margarine

200 g Sultaninen
200 g Korinthen
100 g Zitronat
100 g Orangeat
150 g Mandeln
Abgeriebenes einer Zitrone
–
50 g Schmalz zum Bestreichen
65 g Puderzucker
2 Vanillezucker

Honigkuchen

Honig erhitzen und über die anderen, in einer Schüssel gut vermengten Zutaten gießen. Alles miteinander gut durcharbeiten und zum Schluß Pottasche und Hirschhornsalz, die in wenig lauwarmem Wasser aufgelöst wurden, mit Quirl und Kneter darunterkneten. Teig mindestens 24 Stunden ruhen lassen, dann etwas anwärmen, auf einem mit Mehl bestäubten Blech auswellen und backen. Warmen Honigkuchen in Quadrate schneiden, vom Blech nehmen, mit Kuvertüre bestreichen und mit abgezogenen, halbierten Mandeln verzieren. Honigkuchen möglichst im November zubereiten, in Blechdosen aufbewahren. Er schmeckt dann zu Weihnachten vorzüglich.

Einstellung: Normalherd: 170 – 190 ● *Einschubhöhe: Mitte* ● *Backzeit: 30 – 40 Minuten*
Heißluftherd: Mitte Bereich

500 g Honig
250 g Zucker
750 g Mehl
250 g feingeschnittene Mandeln
125 g Zitronat, fein gewürfelt
2½ Teelöffel gemahlener Zimt

½ Teelöffel gemahlene Nelken
½ abgeriebene Zitronenschale
–
8 g Pottasche
4 g Hirschhornsalz
½ Tasse lauwarmes Wasser
–
100 g Kuvertüre

Spezialitäten von draußen

Es ist kein Zufall, daß kulturell und geistig hochstehende Völker gerade auch in der Kunst der Küche besondere Kenntnisse erlangt und bedeutende Fähigkeiten entwickelt haben. Denken Sie nur bei den uns nahe liegenden Ländern an die österreichische, französische und italienische Küche und bei den Ländern fremder Erdteile an die indische und chinesische. Die Bekanntschaft mit den kulinarischen Spezialitäten des betreffenden Landes gehört daher zu den reizvollsten Erlebnissen auf Auslandsreisen. Freilich muß man dazu etwas von den fremden gastronomischen Ausdrücken verstehen, sonst erlebt man manchmal böse Überraschungen mit dem reichhaltigen Angebot auf der Speisekarte, wenn am Nebentisch eine unbekannte Speise mit verlockendem Duft serviert wird und man auf die eigene Bestellung ein internationales Beefsteak mit Kartoffeln und Obst erhält.

So ähnlich erging es einem Wiener in London. Er sitzt, im Vertrauen auf die Küche des Gastlandes, vor dem britischen Normal-Lunch: Peas (Erbsen), Potatoes (Kartoffeln), Mince-Pie (Fleischpastete) mit Ketchup. Schließliche wirft er wütend die Serviette weg und ruft: ». . . aber die Meere beherrschen!« – Wenn Sie aber angenehme kulinarische Erinnerungen an eine Auslandsreise haben, warum sollten Sie es nicht selbst damit zu Hause auf Ihrem Herd versuchen? Und wenn Sie die vielgerühmten Auslandsspezialitäten noch nicht kennen, warum sollten Sie sich gleichwohl die Zubereitung nicht zutrauen? Sie haben Ihren modernen Elektroherd, Ihre Elektrogeräte, und Sie finden hier eine Anzahl ausgewählter Rezepte, von unseren gastronomischen Spezialisten für Sie und Ihre Küche aus vielen Ländern herbeigeholt. Für Suppen, Teigwarengerichte, Fleischmahlzeiten, Grillspezialitäten, Eintopf, Geflügel und Reis haben Österreich, die Schweiz, Norwegen, Finnland, Schweden, Dänemark, Frankreich, England, China, Jugoslawien, Ungarn, Rußland, Italien, Portugal und Ägypten das Beste beigesteuert, und es wird Ihnen Freude machen, diese ausgesuchten Rezepte auf Ihrem Herd zu erproben. Was hätte übrigens Heinrich III. von Frankreich, der 1579 verbot, daß Personen, »so sie verheiratet sind und einen eigenen Herd haben, in Schänken und Kneipen trinken und essen«, erst verfügt, wenn er einen modernen Elektroherd gekannt hätte?

Österreich — Wiener Beuscherl

Kalbslunge gut waschen, in große Stücke schneiden und in Salz-Essig-Wasser mit geputztem, kleingeschnittenem Suppengrün, Zwiebelachteln und einer Gewürzdosis weichkochen. Nach dem Abkühlen Lunge von den Röhrchen befreien und feinnudelig schneiden. Dann Fett zerlassen, Mehl darüberstäuben, hellbraun durchschwitzen, mit Beuscherwasser ablöschen, aufkochen und Sahne unterrühren. Das Fleisch untermengen, kurz aufkochen und nach Belieben würzen.

Garzeit: etwa 1 Stunde

800 g Kalbslunge
1 l Wasser
Salz
1/8 l Essig, knapp
1 Zwiebel
1 Suppengrün
1 Gewürzdosis

40 g Fett
50 g Mehl
Petersilie
—
1/8 bis 1/4 l saure Sahne
ggf. Salz, Pfeffer
Zitronensaft

Schweiz — Fondue au fromage Grundrezept

Fondue ist ein Freundschaftsgericht. Es ist das gemütlichste und herzlichste Essen, und Sie werden immer feststellen können, daß beim Fondueessen die steifste Haltung locker, das strengste Gesicht heiter und stimmungsvoll werden. Man sitzt im Kreise um das Fonduegerät versammelt, neben jedem Gast steht ein Teller mit Brotwürfelchen und der Fonduegabel. Sobald das Fondue fertig ist, werden die Brotstückchen mit der Gabel in das Fondue getaucht, umgerührt, schnell drehend herausgenommen und zum Mund geführt. Wein im Zubereitungsgeschirr (Topf oder Fonduepfanne) langsam erhitzen, aber nicht kochen, den geriebenen Käse nach und nach zugeben, dabei ständig in Achterform rühren. Sobald die Masse aufkocht, die in dem Kirschwasser aufgelöste Speisestärke zugeben und unter kräftigem Rühren noch einmal kurz aufkochen, würzen und vor dem Servieren nochmals einen Schuß Kirschwasser hinzufügen. Es ist üblich, daß das Würzen und das Zugeben des Kirschwassers als Tischzeremonie unter Mitwirkung der ganzen Tafelrunde vorgenommen wird.

Das Fondue wird leicht wallend heißgehalten und mit den auf den Fonduegabeln gespießten Brotwürfeln immer wieder durchgerührt.

Ein guter Rat: Fixfertige Fonduemischungen schmecken ausgezeichnet und gelingen immer, wenn die Anleitung auf der Packung befolgt wird.

Topf mit einer halbierten Knoblauchzehe ausreiben
pro Person:
150 g geriebener Käse (halb Emmentaler, halb Greyerzer)

1 Gläschen Weißwein
1/2 Teelöffel Speisestärke
Pfeffer
Muskatblüte (Macis)
1 Gläschen Kirschschnaps
—
Weißbrotwürfel

Siemens-Fondue-UNIVERSAL für Schlemmerrunden – für Fondues, zum Flambieren, für Feuerzangenbowlen.

Cassoulet/ Überkrusteter Eintopf
(für Herde mit Grill)

250 g Schinkenspeck
1 Zwiebel
400 g Schnittbohnen
4 Kartoffeln
2 Eßlöffel Tomatenmark

Salz, Pfeffer
1 Tasse Brühe
50 g geröstete Brösel
50 g geriebener Käse
100 g Butterflöckchen

Frankreich

Speck auslassen, kleingeschnittene Zwiebel zugeben, glasig dünsten, alle übrigen vorbereiteten, kleingeschnittenen Zutaten einschichten, jede Lage würzen, Brühe aufgießen und das Ganze langsam garen. Den fertigen Eintopf in eine Schüssel füllen, geröstete Brösel, geriebenen Käse und Butterflöckchen darüberstreuen und unter dem Grillstab kurz überkrusten.

Garzeit: Kochvorgang 40 bis 50 Minuten ● Grillvorgang etwa 5 Minuten ● Einschubhöhe: Mitte

---

Trauben-Eier-Pizza

Teig:
250 g Mehl
½ Päckchen Hefe (10 g)
1 kleine Tasse Wasser
etwas Salz und Öl

Füllung:
250 g Gouda
5 große Tomaten
3 Eier, hart gekocht
250 g blaue und grüne Trauben
etwas Oregano und Paprikapulver
1 Eßlöffel Öl

Italien

Hefeteig, wie auf Seite 114 beschrieben, zubereiten! Teig in eine mit Öl ausgefettete Springform drücken. Einen kleinen Rand stehen lassen. Teig nochmals gehen lassen. Inzwischen Käse in dünne Scheiben schneiden, Tomaten waschen, in Scheiben schneiden, Eier 10 Minuten kochen und ebenfalls mit dem Eiteiler in Scheiben schneiden. Den Teigboden schuppenförmig mit Käse-, Tomaten- und Eischeiben belegen und obenauf halbierte und entkernte Trauben verteilen. Mit etwas Oregano und süßem Paprikapulver bestreuen, mit Öl beträufeln. Im vorgeheizten Ofen backen.

Einstellung: Normalherd: 200 – 220 ● Einschubhöhe: Mitte ● Backzeit: 20 – 30 Minuten ● Heißluftherd: Ende Bereich

---

Forel gratineret

4 Bachforellen, tiefgefroren
etwas Zitronensaft
—
150 g Champignons
1 Bund frische Petersilie
Butterflöckchen

3 Eigelb
Saft und Schale von ½ Zitrone
1 Gläschen Kognak
etwas Pfeffer und Salz
—
Semmelbrösel
Reibkäse
Fettflöckchen

Dänemark

Forellen auftauen, häuten und mit Zitronensaft überträufeln. In eine feuerfeste, gefettete Form legen, mit geputzten, kleingeschnittenen Pilzen, feingewiegter Petersilie und Fettflöckchen bestreuen, mit Pergamentpapier bedecken. In heißem Ofen dünsten. Inzwischen Eigelb mit Zitrone, Kognak und Gewürzen schaumig rühren und über die Fische geben. Das Ganze mit Semmelbröseln und Reibkäse überstreuen, mit Fettflöckchen belegen und nochmals überbacken. In der Form mit Salzkartoffeln und Blattsalat servieren.

Einstellung: Normalherd: 170 – 190 ● Einschubhöhe: Mitte ● Backzeit: 15 – 20 Minuten
Normalherd: 250 – 275 ● Einschubhöhe: Oben ● Backzeit: 5 – 7 Minuten
Heißluftherd: Mitte Bereich
Heißluftherd: Ende Bereich

Norwegen

Bahti Fisk/Gefüllter Fisch

Fisch nach eigener Wahl, alles Nähere siehe Fischkapitel, Seiten 87 bis 90. Füllung: Butter erhitzen, die kleingeschnittenen Pilze einige Minuten dünsten, Zwiebelwürfel, Kräuter und alle übrigen, angegebenen Zutaten zugeben und alles miteinander vermengen. Die Masse in die Öffnung des Fisches füllen (es können auch mehrere und kleinere Fische dafür verwendet werden), zustecken oder zunähen und garen. Diese Fische können ganz nach Belieben gegrillt, gebraten oder in pikanter Soße gedünstet werden. Die Füllung reicht für etwa 1 kg Fisch. Die Garzeit richtet sich je nach Größe oder Menge der Fische und ist aus dem Fischkapitel ersichtlich.

1 kg Fisch (nach Wahl)
Füllung:
50 g Butter
250 g Pilze, Champignons, Pfifferlinge, Steinpilze
2 Eßlöffel Sahne
1 Zwiebel
3 Eßlöffel Kräuter, wie Dill, Petersilie, Kresse usw., gehackt
5 Eßlöffel Semmelbrösel
1 Ei
Salz, Pfeffer

Finnland

Sipulipihvi/Beefsteak mit Zwiebeln

Die Hälfte des Fetts erhitzen, die leicht geklopften und mit Salz und Pfeffer gewürzten Lendenschnitten einlegen und beiderseits kurz anbraten, herausnehmen und auf einen vorgewärmten Teller legen. In dem restlichen Fett Zwiebelringe leicht bräunen, würzen, und eine Prise Zucker zugeben; die Lendenschnitten wieder einlegen, ¼ l saure Sahne darübergießen, mit gehackter Petersilie bestreuen und mit Salzkartoffeln servieren.

Garzeit der Steaks: insgesamt etwa 15 Minuten

4 Lendenschnitten etwa 2 bis 3 cm stark
Salz, Pfeffer
150 g Butter oder Margarine
8 kleine Zwiebeln
Salz, Pfeffer
1 Prise Zucker
¼ l saure Sahne
2 Eßlöffel gehackte Petersilie

Schweden

Njursauté/Nieren mit Pilzen

Nieren lange wässern, halbieren, von Röhren und Strängen befreien, in Scheiben schneiden, in Mehl wälzen, in erhitztem Fett rasch braten und herausnehmen. In dem Fett kleingeschnittenen Speck auslassen, Zwiebelwürfelchen darin glasigdünsten, geputzte Pilze zugeben, würzen und 15 Minuten lang dünsten. Mit Sahne und Madeira abschmecken. Die warmgehaltenen Nierenscheiben auf vorgewärmter Platte anrichten, das Zwiebel-Speck-Pilz-Gemisch darübergießen.
Dazu wird in Schweden gut körniger Reis (siehe Seite 52) gereicht.

500 g Nieren
etwas Mehl
100 g Butter oder Margarine
125 g magerer Speck
1 Zwiebel
200 g Pilze
Salz Pfeffer, Muskat
—
⅛ l Sahne
2 Eßlöffel Madeira

Brioches/Brötchen

250 g Mehl
10 g Hefe
1/8 l Milch
1 Eßlöffel Zucker
2 Eier

abgeriebene Schale von
1 Zitrone
100 g Butter
—
1 Eigelb

Frankreich

Hefeteig, wie auf Seite 114 beschrieben, zubereiten. Teig an warmer Stelle etwa 4 Stunden gehen lassen, dann gut gefettete Förmchen halbvoll mit Teig füllen, in die Mitte noch eine Teigkugel setzen. Nochmals eine Stunde gehen lassen, mit verquirltem Eigelb bestreichen und abbacken. Brioches mit Butter zum Frühstück reichen.

Einstellung: Normalherd: 170 – 190 ● Einschubhöhe: Mitte ● Backzeit: 30 – 35 Minuten ● Heißluftherd: Mitte Bereich

---

Chicken/Gefülltes Huhn

1 bratfertiges junges Huhn
etwas Salz, Ingwer,
Muskat

Füllung:
2 bis 3 Semmeln
1 gute Tasse Milch
1 Apfel

50 g Rosinen
3 Eßlöffel geriebene
Mandeln
—
Orangen, Oliven
Petersilie
Orangensaft, Portwein

England

Ein vorbereitetes Huhn mit Salz, Muskat und Ingwer einreiben. Semmeln in Milch einweichen und mit einem gewürfelten Apfel, gut gewaschenen Rosinen und geriebenen Mandeln mischen; diese Masse in das Huhn füllen und die Öffnung zunähen. Das Huhn goldbraun in geschlossenem Gefäß braten und auf einer Platte anrichten. Die Beine mit weißen Papiermanschetten garnieren, das Huhn mit halbierten Orangen, dunklen Oliven und reichlich Petersilie umgeben. Den Bratenfond mit Orangensaft und etwas Portwein abschmecken.

Einstellung: Normalherd: 225 – 250 ● Einschubhöhe: Mitte ● Backzeit: 70 – 90 Minuten ● Heißluftherd: Ende Bereich

---

Arroz Chow-Chow/ Südchinesisches Reisgericht

40 g Butter oder
Margarine
200 g Reis (Langkorn)
knapp 1/2 l Brühe
—
90 g Fett
250 g gekochtes
Geflügelfleisch
250 g roher Schinken

30 g Butter oder
Margarine
4 Eier
Salz, Muskat
3 Eßlöffel Milch
—
100 g Mandeln
Petersilie

China

Fett zerlassen, verlesenen, ungewaschenen Reis darin glasig dünsten, Brühe angießen und den Reis bei milder Hitze langsam körnig quellen lassen. Fett zerlassen, kleingeschnittenes Fleisch zugeben, gut durchdünsten, das Ganze zu dem vorgegarten Reis geben und warmhalten. Aus Eiern, Milch und Gewürzen in zerlassenem Fett ein festes Rührei zubereiten, feinhacken, über das Reisfleisch geben und mit einer Gabel etwas unterheben. Mandeln abziehen, hacken, rösten und mit gehackter Petersilie zum Anrichten über das Reisgericht streuen.

Kartoffelknödel mit Sauerbraten
Rezept siehe Seite 59

Kleingebäck
Rezept
siehe Seite 122

Jugoslawien

Serbisches Reisfleisch

Fett zerlassen, alle kleingeschnittenen Zutaten mit Reis und Gewürzen in einen breiten Topf geben, nach Belieben etwas anschmoren, mit Flüssigkeit aufgießen und langsam garen.

Garzeit: etwa 30 bis 40 Minuten

Ein guter Rat: Das serbische Reisfleisch ist für automatisches Kochen besonders gut geeignet, denn Sie haben ein fertiges Gericht, das Sie bedenkenlos auf den Automatikplatten und ggf. noch mit der Zeitschaltautomatik, somit vollautomatisch garen können.

60 g Fett
2 bis 3 Zwiebeln
200 g Schinkenspeck
200 g Schweinefleisch
1½ Tassen Reis (Langkorn)
je 1 Teelöffel Paprikapulver
und Tomatenmark
5 Tassen Brühe (Würfel)
Salz, ggf. Knoblauch
je 1 feingeschnittene grüne und rote Paprikaschote

Ungarn

Szegediner Gulasch/Schweinefleisch mit Sauerkraut

Fleisch würfeln und mit Salz, Pfeffer, Paprikapulver bestreuen. Öl erhitzen, kleingeschnittene Zwiebeln goldbraun schmoren, Fleisch zugeben, allseits anbräunen und mit Tomatenmark verrühren. Sauerkraut auf das Fleisch geben, mit kleingeschnittenem Speck vermengen, Gewürze zugeben, Brühe aufgießen und langsam garen. Vor dem Anrichten saure Sahne hinzufügen und mit Salzkartoffeln servieren.

Garzeit: 60 bis 70 Minuten

500 g Schweinefleisch
Salz, Pfeffer, Paprikapulver
3 Eßlöffel Öl
350 g Zwiebeln
1 Eßlöffel Tomatenmark
1 kg Sauerkraut
150 g geräucherter Schinkenspeck
1 Lorbeerblatt
2 Nelkenkörner
¼ l Brühe
¼ l saure Sahne

Rußland

Borschtsch malorussiski/Rote-Rüben-Suppe

Alles gewaschene, geputzte Gemüse grob raspeln, in Bouillonfett andünsten, Gewürze zugeben und Bouillon aufgießen. Nach dem ersten Aufkochen Fleisch und Speck zugeben, 1½ Stunden kochen, Fleisch herausnehmen, in kleine Streifen schneiden und mit der in Scheiben geschnittenen Räucherwurst in eine Suppenterrine geben. In die Suppe 1 geriebene rote Rübe und ¼ l saure Sahne geben, aufkochen, über das Fleisch in die Terrine gießen und mit reichlich Gewürzen und gehacktem Dill servieren.

Garzeit: 1½ bis 2 Stunden

2 rote Rüben
1 Knolle Sellerie
1 Stange Lauch
2 Mohrrüben
Petersilienwurzel
½ Weißkohl
3 Eßlöffel Bouillonfett
1 Eßlöffel Essig
2 Eßlöffel Tomatenmark
4 Pfefferkörner
2 Lorbeerblätter
1 l Bouillon (Brühe)
500 g Rindfleisch
250 g geräucherter Speck
2 Räucherwürste
1 geriebene rote Rübe
¼ l saure Sahne
2 Eßlöffel gehackter Dill
Salz, Pfeffer, Knoblauch

Leitao assado/ Gefülltes Spanferkel

1 Spanferkel
Salz, Pfeffer, Öl

Beize:
1 l Weißwein
½ l Essig
6 Zitronen
6 Orangen
4 Lorbeerblätter
6 Zehen Knoblauch
Paprika, Salz, Pfeffer

Füllung:
2 Zwiebeln
300 g Kalbsleber

Innereien vom Ferkel
300 g roher Schinken
Salz, Pfeffer
2 Tomaten
4 hartgekochte Eier
10 bis 15 Oliven
50 g Mandeln, abgezogen, grob gehackt
Mehl

zum Anrichten:
gezuckerte Apfelsinenscheiben
Kartoffelbrei

Portugal

Wein, Essig und Saft von Zitrusfrüchten, zerriebene Knoblauchzehen und Gewürze verrühren, das bratfertige Spanferkel einlegen und 24 Stunden darin liegen lassen. Zur Füllung die Zwiebelwürfel glasig dünsten, kleingeschnittenes Fleisch zugeben, würzen und etwa ½ Stunde schmoren. Mit den in Scheiben geschnittenen Eiern und Tomaten und allen übrigen Zutaten unterrühren und mit dem kalt angerührten Mehl binden. Das Ferkel nicht zu prall füllen, zunähen, die Ohren mit geöltem Pergamentpapier dick umwickeln, das übrige Fleisch rundherum gut ölen und braten.
In Portugal wird das Spanferkel an einem Spieß aus einem geschälten Lorbeerzweig gegrillt. Damit auch Sie eine recht knusprige Haut am Spanferkel erzielen, bestreichen Sie das Ferkel zum Schluß mit kaltem Salzwasser und grillen es bei geöffnetem Backofen beiderseits noch etwa 10 Minuten. Dazu wird trockener Schaumwein getrunken.

Einstellung: Normalherd: 180–200 ● Einschubhöhe: unten ● Backzeit: 3–4 Stunden ● Heißluftherd: Ende Bereich
Zum Schluß 5 bis 8 Minuten bei offenem Backofen grillen.

Gefüllte Weinblätter

1 große Zwiebel
etwas Salz und Pfeffer
3 reife Tomaten

etwas Fett

etwas Petersilie
500 g Lammfleisch, durchgedreht
500 g große Weinblätter

Ägypten

Zwiebel schälen, in Stückchen schneiden, zusammen mit Salz und Pfeffer zerquetschen und mit den gebrühten, abgezogenen Tomaten verrühren. Fett und kleingehackte Petersilie zugeben und das Ganze unter das durchgedrehte Fleisch mischen. Weinblätter blanchieren, mit der Fülle bestreichen und gardämpfen.

Garzeit: etwa 60 Minuten

Saltimbocca Romana/ Römisches Salbeischnitzel

4 etwa 2 cm starke Kalbsschnitzel
4 Salbeiblätter

4 Scheiben Schinkenspeck
3 Eßlöffel Öl (Olivenöl)

Italien

Die Schnitzel waschen, ganz leicht klopfen, mit einem spitzen Messer eine Tasche einschneiden, diese mit je einem Salbeiblatt und einer Scheibe Schinkenspeck füllen, mit Holzstäbchen zusammenhalten. In heißem Olivenöl oder in Butter goldbraun braten.

Garzeit: etwa 10 bis 15 Minuten

Richtig ernährt – bei schneller Küche

Die Rezeptangaben sind für 4 Personen berechnet

Schnelle Gemüsesuppe

Öl erhitzen, in Würfel geschnittene Zwiebeln darin andünsten, Fleischsuppe dazugießen und zum Kochen bringen. Gemüse und Nudeln hineingeben und die Suppe bei milder Hitze 10 Minuten kochen. Fleisch der Bratwürste als Klößchen in die Suppe drücken und gar ziehen lassen. Evtl. mit Salz abschmecken und mit feingehackter Petersilie anrichten.

Garzeit: etwa 15 Minuten

5 Eßlöffel Öl
2 große Zwiebeln
2 l Fleischsuppe aus Würfeln
1 großes Paket tiefgekühltes Mischgemüse
125 g Fadennudeln
4 Bratwürste
Petersilie

Eier in Krabben-Käse-Soße

Eier schälen und halbieren. Weiße Soße (Beutel) nach Kochanweisung zubereiten und Krabben und Käse dazugeben. Eier in der Soße erwärmen und zum Schluß den feingeschnittenen Schnittlauch darüberstreuen. Dazu gibt es Kartoffelpüree oder Reis.

Zubereitungsdauer: etwa 10 Minuten

4 bis 8 hartgekochte Eier
1 Beutel weiße Fertigsoße
1/4 l Wasser
1/4 l Milch
125 g Krabbenfleisch
100 g geriebener Holländer Käse
Schnittlauch

Dänische Leber

Leber waschen, ggf. häuten und von den Sehnen befreien. Äpfel und Zwiebeln schälen. Leber und Äpfel in große Würfel und Zwiebeln in Ringe schneiden. Öl erhitzen und Leber und Zwiebelringe darin anbraten. Inzwischen Fleischsoße nach Kochanweisung zubereiten und die Apfelstücke darin gar werden lassen. Zum Schluß Leber und Zwiebeln dazugeben. Kartoffelpüree und grünen Salat dazu reichen.

Garzeit: etwa 10 Minuten

375 g Schweineleber
250 g Äpfel
125 g Zwiebeln
3 Eßlöffel Öl
1 Beutel Fleischsoße »extra herzhaft«
1/4 l Wasser

Spargelsuppe mit Birnentoast

Spargelsuppe nach Kochanweisung zubereiten, Weißbrotscheiben einseitig toasten und auf der anderen Seite mit Butter bestreichen. Die halbierten Birnen in die Mitte des Toastes legen und gewürfelten Schinken darum verteilen. Je mit einer Scheibe Schnittkäse bedecken und bei starker Hitze im Backofen überbacken, bis der Käse schmilzt.

Einstellung: Normalherd: 250 • Einschubhöhe: oben • Backzeit: 3 – 5 Minuten • Heißluftherd: Ende Bereich

1 kochfertige Spargelsuppe
4 Scheiben Weißbrot
Butter
4 halbe Birnen
150 g roher Schinken
4 große Scheiben Schnittkäse

Fischfilet in Soße

500 bis 750 g Fischfilet
Essig oder Zitronensaft
Salz
1 Beutel weiße Fertigsoße
3/8 l Milch oder halb Milch, halb Wasser
1 Röhre Kapern

Fischfilet waschen, in Stücke zerteilen, mit Essig oder Zitronensaft beträufeln, etwas ziehen lassen und salzen. Soße nach Kochanweisung, aber nur mit 3/8 l Milch oder halb Milch, halb Wasser kochen. Kapern mit der Flüssigkeit dazugeben, Fischfilet hineinlegen, einmal aufkochen und gar ziehen lassen.

Veränderung: Statt Kapern 1 bis 2 Eßlöffel geriebenen Meerrettich, 2 Eßlöffel gehackte Kräuter oder 1 bis 2 Eßlöffel Tomatenmark verwenden. Kräuter und Meerrettich unter das fertige Gericht mischen, nicht mitkochen. – *Beigabe:* Reis, Salate

Garzeit: etwa 20 Minuten

Labskaus

400 g Kartoffeln
etwa 1/2 l Wasser
1 Brühwürfel
400 g Rindfleisch (Konserve)
400 g Rote Bete
Salz und Pfeffer
3 bis 4 Bismarckheringe

Kartoffeln waschen, schälen, kleinschneiden und in der Brühe weichkochen. Kartoffeln durch ein Sieb streichen und mit vorgegartem Rote-Bete-Mus und feingeschnittenem Dosenfleisch gut mischen. Labskaus kräftig abschmecken und mit den Fischröllchen zu Tisch geben.

Garzeit: etwa 30 Minuten

Jägersteaks

4 Filetsteaks zu je 125 g
Paprikapulver
etwa 4 Eßlöffel Öl
1 kleines Glas Paprikaschoten
1 kleines Glas Perlzwiebeln
1 kleine Dose Pfifferlinge
2 bis 3 mittelgroße Gewürzgurken
etwa 1/2 Flasche Tomatenketchup
Salz
Pfeffer
Paprikapulver
Petersilie

Filetsteaks mit viel Paprika einreiben und in erhitztem Öl beiderseits kurz anbraten, herausnehmen und warm stellen. Abgetropfte Paprikaschoten, Perlzwiebeln, Pfifferlinge und die in Scheiben geschnittenen Gewürzgurken in das Bratfett geben, Tomatenketchup darübergießen und alles erhitzen. Gemüse mit Salz, Pfeffer und Paprika abschmecken, über die gesalzenen Filetsteaks geben und das Gericht mit gehackter Petersilie bestreuen.

Beigabe: Reis, Teigwaren, Kartoffelpüree

Garzeit: etwa 15 Minuten

Nierengericht

400 g Schweine- oder Kalbsnieren
Öl
1 Beutel weiße Fertigsoße
1/4 l Wasser
1/4 l Milch
1/2 Dose Ananas: etwa 250 g Einwaage
Curry

Gewässerte Nieren halbieren, von Sehnen und Röhren befreien, in große Würfel schneiden und in heißem Öl etwa 5 Minuten braten. Weiße Soße nach Kochanweisung zubereiten, Nieren und die in Stücke geschnittene Ananas hineingeben. Das Gericht noch einmal aufkochen lassen und mit Curry abschmecken.

Garzeit: etwa 15 Minuten

Fleischklößchen in Currysoße

Klöße:
375 bis 500 g gemischtes Hackfleisch
1 Semmel
1 Ei
Salz, Pfeffer, etwas Senf

Soße:
1 Beutel weiße Fertigsoße
1 Apfel
Salz, Zucker
2 bis 3 gestr. Teelöffel Curry
Saft von einer Apfelsine

Fleisch mit eingeweichter, ausgedrückter Semmel, Ei und Gewürzen gut vermischen. Mit 2 Teelöffeln Klößchen abstechen, in die Soße geben und in etwa 15 Minuten gar ziehen lassen. Weiße Soße nach Kochanweisung zubereiten. Apfel schälen und gerieben zu der Soße geben. Mit Salz, Zucker, Curry und Apfelsinensaft abschmecken.

Beigabe: Reis, Kartoffelpüree, Rohkost, grüner Salat

Garzeit: etwa 15 Minuten

Buntes Gemüse

100 g durchwachsener Speck
2 Eßlöffel Öl
125 g Zwiebeln
1/2 Dose Erbsen
1/2 Dose Maiskörner
250 g Tomaten

1/4 l Fleischsuppe aus Würfeln
15 g Speisestärke
–
Salz, Pfeffer
Petersilie

Speck in Würfel schneiden und in erhitztem Öl glasig werden lassen. Zwiebeln schälen, in Würfel schneiden, zu dem Speck geben und mitdünsten, bis sie hellgelb sind. Abgetropfte Erbsen und Maiskörner sowie gebrühte, abgezogene und in Scheiben geschnittene Tomaten hinzufügen. Gemüse dünsten, bis die Tomaten gar sind. Gemüsewasser evtl. mit klarer Fleischsuppe (aus Würfeln) zu 1/4 Liter auffüllen. Speisestärke mit wenig Wasser anrühren und das Gericht damit binden. Gemüse mit Salz und Pfeffer abschmecken und mit gehackter Petersilie bestreuen. – *Beigabe:* Reis, Salzkartoffeln, Kartoffelpüree

Garzeit: etwa 15 Minuten

Frühlingssuppe mit Baseler Toast

1 kochfertige Frühlingssuppe
4 Scheiben Weißbrot
Butter

250 g Zwiebeln
4 Scheiben Emmentaler Käse
Paprika, Kümmel

Frühlingssuppe nach Kochanweisung zubereiten. Weißbrot toasten und mit Butter bestreichen. Zwiebeln in kleine Würfel schneiden und zu 2/3 auf den Toastscheiben verteilen, Käse darauflegen. Die restlichen Zwiebeln auf den Käse geben und Paprika und Kümmel darüberstreuen. Das Ganze in den Backofen schieben und bei guter Hitze überbacken, bis der Käse schmilzt. Den Baseler Toast zur Suppe servieren.

Einstellung: Normalherd: 250 • Einschubhöhe: oben • Backzeit: 3 – 5 Minuten • Heißluftherd: Ende Bereich ⌒

Thunfisch-Tatar

200 g Thunfisch in Öl
1 Gewürzgurke
1 Zwiebel
Pfeffer, Salz
1 Teelöffel Kapern
1/2 Teelöffel Senf

2 Teelöffel Tomatenmark
1 Teelöffel Zitronensaft
3 Eßlöffel saure Sahne
1 Ei, hart gekocht
–
Petersilie
Zwiebelringe

Thunfisch – Öl abgießen – in eine Schüssel geben und zerdrücken. Feingeschnittene Gurke, Zwiebel und Kapern mit Senf, Tomatenmark, Zitronensaft und Sahne hinzufügen und mit wenig Salz und Pfeffer würzen. Tatar auf einer Platte anrichten, mit Zwiebelringen, Eischeiben und Petersilie garnieren.

Mikrowellen – Die neue Art zu kochen

In vielen Haushalten wird heute schon neben einem modernen Elektroherd ein Mikrowellenherd benutzt. Ersetzen kann er den herkömmlichen Herd noch nicht. Für die Zubereitung größerer Mengen, zum Backen oder Braten und zum Grillen behält der erprobte Elektroherd seinen angestammten Platz. Der Mikrowellenherd soll ihn jedoch ergänzen – und dabei helfen, im Haushalt Zeit und Energie zu sparen.

Sinnvoll eingesetzt werden kann ein Mikrowellenherd vor allem in Haushalten, in denen

- häufig Einzelportionen zubereitet werden, Berufstätige wenig Zeit zur Vorbereitung haben,
- Mahlzeiten zu unterschiedlichen Zeiten genommen werden, z. B. für Schulkinder mit verschiedenen Unterrichtszeiten,
- Diät-, Baby- und Krankenkost,
- Vorgekochtes aus dem Gefriergerät oft schnell serviert werden soll,
- vielseitig gekocht wird und Spezialitäten beliebt sind.

Was sind Mikrowellen?

Mikrowellen sind elektromagnetische Schwingungen, ähnlich wie bei Rundfunk und Fernsehen. Die Wellenlänge ist jedoch kürzer (12,25 cm), daher der Name Mikrowellen. Sie werden in einer Senderöhre, dem „Magnetron", erzeugt und in den Innenraum des Mikrowellenherdes geleitet.

Wie wirken Mikrowellen?

Herkömmliche Kochgeräte erwärmen das Kochgut von außen über den Topf, über Fett oder Flüssigkeit durch den Kontakt mit der Kochplatte, oder im Backofen durch heiße Luft oder intensive Wärmestrahlung der Grillheizstäbe.

Im Unterschied dazu dringen Mikrowellen in die Lebensmittel ein und versetzen die Flüssigkeitsmoleküle in Schwingungen (2,45 Milliarden mal in einer Sekunde). Durch die entstehende Reibung wird Wärme erzeugt und diese erhitzt bzw. gart die Lebensmittel.

Was sind die Vorteile?

Da die Energie direkt im Lebensmittel in Wärme umgewandelt wird, geht das Erhitzen wesentlich schneller vor sich als beim herkömmlichen Kochen, bei dem Kochplatten, Backofen und Geschirr erst erwärmt werden müssen, um überhaupt ein Garen zu ermöglichen. Durch die Schnelligkeit dieses Vorganges behalten die Speisen ihre natürlichen Farb- und Aromastoffe und ihr appetitliches Aussehen. Wissenschaftliche Untersuchungen ergaben auch, daß Vitamine bei dieser Art zu kochen keinen Schaden erleiden.

Welches Kochgeschirr?

Alles Geschirr aus Porzellan, Steingut, Glas, Keramik, wärmebeständigem Kunststoff und Pappe kann zum Kochen im Mikrowellenherd benutzt werden. Das hat den Vorteil, daß alle Speisen direkt im Serviergeschirr zubereitet werden können, dadurch entfällt ein Umfüllen und außerdem wird das lästige Topfspülen vermieden.

Kochgeschirre aus Metall, z. B. Edelstahl, Emaille, Aluminiumtöpfe und -schüsseln reflektieren Mikrowellen, d.h. sie lassen die Mikrowellen nicht durch. Lebensmittel in diesen Gefäßen bleiben kalt. Deshalb kein Kochgeschirr aus Metall im Mikrowellenherd verwenden!

Das Siemens-Mikrowellen-Gerät mit eingebautem Kochbuch. Die Gerichte sind auf den Walzenskalen „Auftauen", „Garen" und „Erwärmen" verzeichnet.

Wie steht es mit der Sicherheit?

Haushaltsmikrowellenherde sollen so konstruiert sein, daß keine schädlichen Auswirkungen auf den menschlichen Körper zu erwarten sind. Siemens-Mikrowellenherde erfüllen diese Voraussetzungen. Sie besitzen das VDE-Zeichen und erfüllen die technischen Bestimmungen der Deutschen Bundespost für den Betrieb von Hochfrequenz-Geräten. Ist ein Mikrowellenherd fachmännisch aufgestellt oder eingebaut und an eine Schutzkontaktsteckdose angeschlossen, so ist er genauso sicher wie jedes andere Elektrogerät.

Allgemeine Hinweise für das Arbeiten im Mikrowellenherd

Alle Speisen abdecken, entweder mit Deckel, passendem Teller oder wärmebeständiger Kunststoffolie.
Ausnahmen:
Gerichte, die eine trockene Oberfläche haben sollen, z. B. vorgebratene panierte Koteletts, Kasseler, Hack- und Schweinebraten.
Angaben darüber, ob das Gericht offen oder zugedeckt werden soll, sind bei den einzelnen Rezepten zu finden.
Zutaten bzw. die fertigen Gerichte gleichmäßig flach in dem Kochgeschirr verteilen, dadurch erfolgt gleichmäßiges Garen oder Erwärmen.
Gegarte Beilagen, wie Reis, Nudeln und Salzkartoffeln vom Vortag werden mit etwas Wasser besprengt und dann im Mikrowellenherd je nach Menge einige Minuten erhitzt. So schmecken sie nie wie „aufgewärmt".

Bei der Zubereitung von Koteletts, Schnitzeln und Steaks wird die gewohnte Bräunung mit einem „Bräunungsgeschirr" erreicht.

Zum Auftauen von Hähnchen, die nach dem Entfernen der „Innereien" weiterverarbeitet werden sollen und gefrorenem Obst die Aufstellung einschalten.

Bei Tiefkühlprodukten und gefrorenen Fertiggerichten, die aufgetaut, erhitzt bzw. noch gegart werden sollen, von Anfang an den Bereich „Garen" einstellen. Nach der Hälfte der angegebenen Zeit die Speise mit der Gabel auflockern.

Da Garzeiten auch von der Mikrowellenleistung des einzelnen Herdes abhängen, die Gebrauchsanleitung des jeweiligen Mikrowellenherdes beachten.

Die folgenden Rezepte wurden im Mikrowellenherd HF 0630, 600 Watt Leistung, ausprobiert.

Bei den in ( ) angegebenen Zahlen in den Rezepten handelt es sich um die Zubereitung in einem Mikrowellenherd mit 500 Watt Leistung.

Käsetoast

2 Scheiben
getoastetes Weißbrot
(trocken wie Zwieback)

10 g Butter
2 Scheiben
gekochten Schinken
1 Tomate

2 Scheiben Käse
(Emmentaler, Gouda,
Chester)

Toast mit Butter bestreichen, mit Schinken, Tomatenscheiben und Käse belegen und in den Mikrowellenherd stellen.

Gefäß: Teller mit Papierserviette belegt, Abdeckung: offen garen.

Einstellung: Garstellung ● Zeit: 1 1/2 (1 3/4) Minuten

Käsewürstchen

2 Paar Wienerwürste
4 Scheiben Schmelzkäse
2 Teelöffel Ketchup

Die Würste längs tief einschneiden, 2 Scheiben Käse in Streifen schneiden, die Würste damit füllen. Nebeneinander auf den Teller legen, 2 Scheiben Käse darüber legen, mit Ketchup bestreichen.

Gefäß: Teller, Abdeckung: offen garen.

Einstellung: Garstellung ● Zeit 2 1/2 (3) Minuten

Brot mit heißen Krabben

2 Scheiben Bauernbrot
2 Teelöffel Butter
200 g Krabben
(frisch oder tiefgefroren
und aufgetaut oder
aus der Dose)

Salz
Zitronensaft
Petersilie

Krabben mit Zitronensaft und Salz mischen, erhitzen. Auf die gebutterten Brote verteilen, mit Petersilie bestreut anrichten.

Gefäß: kleine Schüssel, Abdeckung: Krabben geschlossen erhitzen.

Einstellung: Garstellung ● Zeit 2 (2 1/2) Minuten

Nach 1 (1 1/2) Minuten umrühren.

Zwiebelsuppe

250 g Zwiebeln
4 Eßlöffel Öl
1/2 l Brühe (Brühwürfel oder gekörnte Brühe)
Salz, Pfeffer
2 – 3 Scheiben Weißbrot getostet
2 – 3 Scheiben Gouda

Zwiebel in feine Scheiben schneiden und mit dem Öl dünsten. Mit Brühe aufgießen. Erhitzen und herausnehmen. Toast eventuell halbieren und mit Käse belegen, im Mikrowellenherd schmelzen lassen. Toast auf die Suppe legen.
Gefäß: Schüssel aus Glas, Porzellan, höhere Auflaufform, Abdeckung: Zwiebeln offen garen, Suppe geschlossen garen.
Einstellung: Garstellung • *Zeit:* Zwiebeln 17 (20) Minuten, Suppe 4 (5) Minuten, Brot 1 (1 1/2) Minuten

Warme Tomaten mit Schinkenfülle

6 mittelgroße, feste Tomaten
Salz, Zitronensaft
125 g mageren, gekochten Schinken
1 Ei
6 Eßlöffel Rahm
2 Teelöffel Semmelbrösel

Deckel von Tomaten abschneiden, aushöhlen, innen salzen und mit Zitrone beträufeln. Schinken fein schneiden, mit Ei, Rahm, Brösel verschlagen und Tomaten damit füllen, Deckel aufsetzen. Tomaten im Gefäß so anordnen, daß im Zentrum keine Tomate liegt.
Gefäß: kleine Auflaufform aus Glas, Porzellan, Keramik, Abdeckung: offen garen.
Einstellung: Garstellung • *Zeit:* 6 (7) Minuten.

Königinpastete

4 Blätterteigpasteten
1 Dose Ragout fin (250 g)

Ragout erhitzen, beiseite stellen. Pasteten erhitzen und mit dem Ragout füllen.
Gefäß: kleine Schüssel (Ragout), Teller (Pasteten), Abdeckung: Ragout geschlossen erhitzen, Pasteten offen erhitzen.
Einstellung: Garstellung, Zeit: Ragout 2 1/2 (3) Minuten, Pasteten 1 1/2 (2) Minuten.

Fischgulasch

400 g tiefgefrorenes
Fischfilet in Würfeln
1 Zwiebel gehackt
Knoblauchpulver
1 Eßlöffel Wasser
1/2 Eßlöffel Öl
1/2 Eßlöffel Zitronensaft
Salz
Saft einer halben Zitrone

1 Eßlöffel Sojasoße
2 Eßlöffel Wasser
1/2 Eßlöffel Essig
Prise Zucker
Pfeffer, Salz

Zwiebel, Knoblauchpulver, Wasser, Öl, Zitronensaft, Salz verrühren und 2 (3) Minuten garen. Inzwischen Fischwürfel mit Zitronensaft säuern, zu den Zwiebeln geben, mit der Mischung aus Sojasoße, Wasser, Essig, Zucker, Pfeffer und Salz übergießen. 9 (11) Minuten garen. Nach halber Garzeit umrühren.

Gefäß: Schüssel aus Glas, Porzellan, Abdeckung: zugedeckt garen.

Einstellung: Garstellung ● *Zeit: 11 (14) Minuten*

Mandelforelle

30 g gestiftelte Mandeln
20 g Butter
2 tiefgefrorene Forellen
(ca. 350 g)
Zitrone

Salz, Pfeffer
40 g Butter

20 g Butter und Mandeln 4 (5) Minuten offen rösten, beiseite stellen. Tiefgefrorene Forellen mit Zitrone, Salz, Pfeffer würzen, mit Butterflocken belegen und 7 (8) Minuten offen garen. Mandeln darüber verteilen und weitere 2 (3) Minuten garen.

Gefäß: Flaches, langes Gefäß aus Glas, Porzellan, Abdeckung: offen garen.

Einstellung: Garstellung ● *Zeit: Mandeln 4 (5) Minuten, Forellen 9 (11) Minuten*

Rotbarschfilet

400 g tiefgefrorenes
Rotbarschfilet
Zitronensaft
Salz

Butterflöckchen
Petersilie gehackt

Fischfilet 4 (5) Minuten auf Auftaustellung antauen. Die Filets nebeneinander legen. Mit Zitrone und Salz gut würzen, Butterflöckchen auflegen. 10 (12) Minuten garen auf Garstellung. Nach halber Garzeit Filets durchschneiden, wenden und etwas auseinanderschieben.

Gefäß: Flaches Porzellan-, Glasgefäß, Abdeckung: geschlossen garen.

Einstellung: Auftaustellung, Garstellung ● *Zeit: 4 (5) + 10 (12) Minuten*

Gefüllte Paprika

2 mittelgroße grüne Paprikaschoten
150 g Hackfleisch
1 altes Brötchen, Wasser zum Einweichen
1 Ei
1/2 kleingeschnittene Zwiebel
Salz, Pfeffer
Muskat, Thymian
30 g durchwachsenen Speck in schmalen Streifen
2 Tomaten in Scheiben geschnitten

Die Paprikaschoten der Länge nach halbieren, Scheidewände und Kerne entfernen, waschen, in die Form legen. Jede Schotenhälfte mit 1 Eßlöffel Wasser füllen, in die Form 4 Eßlöffel Wasser gießen und zugedeckt 8 (11) Minuten dünsten. Währenddessen Hackfleisch, eingeweichtes und ausgedrücktes Brötchen, Ei, Zwiebel, Salz und Gewürze gut mischen (elektrischer Handquirl-Knethaken). Das Wasser aus den Schoten und dem Gefäß gießen, die Paprikahälften salzen und mit dem Hackfleisch füllen, mit Tomatenscheiben und Speckstreifen belegen und 8 (11) Minuten zugedeckt garen.

Gefäß: Flache Porzellan-, Glasschüssel, Jenaer- oder Pyroflamgefäß mit Deckel, Abdeckung: zugedeckt garen.

Einstellung: Garstellung ● *Zeit: Schoten 8 (11) Minuten, gefüllte Paprika 8 (11) Minuten*

Kasseler

600 g rohes Kasseler im Stück (ohne Knochen)

Die Fettschicht auf der Oberseite im Karomuster einschneiden. Vor dem Anschneiden etwa 3 Minuten stehenlassen.

Gefäß: Flaches Porzellan-, Glasgefäß, Abdeckung: offen garen.

Einstellung: Garstellung ● *Zeit: 17 (20) Minuten*

Beilagen: Sauerkraut, Kartoffelpüree

Gedünstete Kalbsleber Berliner Art

1 Scheibe Kalbsleber (ca. 125 g)
1/2 kleine Zwiebel
1/2 Apfel
1 Teelöffel Öl
Zitronensaft
Salz

Die Zwiebel in feine Ringe schneiden und mit dem Öl 3 (4) Minuten offen dünsten. Inzwischen die Leber häuten, waschen und den Rand einige Male durchschneiden und die Mitte mehrmals diagonal einschneiden. Den Apfel schälen. Kerngehäuse ausschneiden und in Scheiben schneiden. Die Leber in das Gefäß legen, daneben die mit Zitrone beträufelten Apfelscheiben zudecken. 2 (2,5) Minuten garen, die Leber umdrehen und weitere 2 (2 1/2) Minuten garen. Leber salzen. Apfel und Zwiebel auflegen.

Gefäß: Teller, flaches Porzellan- oder Glasgefäß, Abdeckung: zugedeckt garen.

Einstellung: Garstellung ● *Zeit: insgesamt 7 (9) Minuten*

Bananen mit Schokoladensoße

2 größere Bananen
25 g bittere Schokolade
(1/4 Tafel)
5 Eßlöffel Kondensmilch
1 Eßlöffel Zucker

Die Schokolade würfeln und in eine Tasse geben. 1 1/2 (2) Minuten auf Garstellung in den Mikrowellenherd stellen. Zucker und Kondensmilch in einer Tasse mischen, neben die Tasse mit der Schokolade stellen und 3/4 (1) Minute erhitzen. Milch beobachten: Wenn sie anfängt zu kochen, Gerät ausschalten. Milch langsam in die Schokolade einrühren. Soße beiseite stellen. Bananen schälen, einmal längs und einmal quer durchschneiden und die Stücke nebeneinander auf die Teller legen, in den Mikrowellenherd stellen, dünsten. Die Soße über die Banane verteilen. Heiß servieren.
Gefäß: 2 Dessertteller, Tassen, Abdeckung: offen garen.

Einstellung: Garstellung ● *Zeit: Bananen 3 (4) Minuten, Soße 2 1/2 (3) Minuten*

Soße mehrere Mahle umrühren

Vanille-Eis mit heißen Sauerkirschen

3 Portionen Vanille Eis
1 kleines Glas
Sauerkirschen (220 g)
2 Eßlöffel
Johannisbeergelee oder anderes saures Gelee

Das Gelee und 1 Eßlöffel Kirschsaft aus dem Glas 1 (1 1/2) Minuten erhitzen. Die Kirschen ohne Saft dazugeben, 2 (2 1/2) Minuten erhitzen. Einmal umrühren. Die heißen Kirschen auf die Portion Vanille-Eis verteilen und sofort servieren.
Gefäß: Schüssel, Abdeckung: offen garen.

Einstellung: Garstellung ● *Zeit: 3 (4) Minuten*

Bratapfel

1 Apfel
2 Stück Würfelzucker
1 Teelöffel
säuerliche Marmelade
1 Teelöffel Butter

Den Apfel waschen und das Kernhaus mit einem Apfelausstecher entfernen. Auf dem Dessertteller garen. Die Öffnung mit einem Stück Würfelzucker, Marmelade, dem zweiten Stück Würfelzucker und der Butter füllen. Den Apfel wieder ins Mikrowellengerät stellen und solange weitergaren, bis die Füllung anfängt, oben herauszukochen (beobachten!).
Gefäß: Dessertteller, Abdeckung: offen garen.

Einstellung: Garstellung ● *Zeit: je nach Größe 2 – 4 (2 1/2 – 5) Minuten*

Sterilisieren von Obst und Gemüse im Backofen

Sterilisiergut	Zuckerlösung auf 1 l Wasser	Streuzucker auf 1 kg Früchte	Zeit in Minuten etwa bis zum Perlen	ab Perlen	nach dem Abschalten Nachwärme	Bemerkungen
Obst						
Äpfel	300–500 g	–	60–70	–	25–35	Die Zeitangaben betreffen 5 bis 6 breite 1-l-Gläser. Bei 3 bis 4 1-Liter-Gläsern verringert sich die Zeit bis zum Perlen je Glas um etwa 5 Minuten.
Birnen	250–350 g	–	60–70	–	25–35	Die gefüllten Gläser mit Klammern versehen in die Bratpfanne stellen, 1/2 l warmes Wasser zugeben und in den kalten Backofen in Einschubhöhe 1 schieben.
Pflaumen	500–600 g	300–400 g	60–70	–	35–40	
Mirabellen	400–500 g	–	60–70	–	30–35	
Aprikosen	200–300 g	–	60–70	–	30–35	*Einstellung:*
Kirschen	200–400 g	150–250 g	60–70	–	30–35	*Normalherd:* 180 *Heißluftherd: Mitte Bereich* ▭ *bei Obst ab*
Pfirsiche	300–400 g	–	60–70	–	30–35	*Perlen auf O schalten*
Stachelbeeren	600–700 g	–	40–60	–	25–35	*Bei Gemüse ab Perlen umschalten Normalherd:* 150
Gemüse	1 l Wasser (alles Gemüse etwa 5 bis 10 Minuten vorkochen, je nach Härte des Gemüses)					*Heißluftherd: Anfang Bereich* ▭
Blumenkohl	10 g Salz + 1 Eßl. Zitronensaft	–	40–50	80–90	20–30	Die Angaben können jedoch je nach Art des Sterilisiergutes und der Füllung etwas differieren.
Bohnen	10 g Salz	–	50–60	80–90	20–30	
Pilze	10 g Salz	–	40–50	80–90	20–30	**Die Gläser mit Klammern im Backofen abkühlen lassen.**
Schwarzwurzeln	10 g Salz + Zitronensaft	–	50–60	80–90	20–30	**Beim Heißluftherd verringert sich die Zeit bis zum Perlen um ca. 20 Minuten**

Rezeptverzeichnis

A
Apfelscheiben, gebacken ... 102
Apfelschnitten, gedeckt 112
Arroz Chow-Chow 128
Ausbackteig für Obst 102

B
Backerbsen 36
Backhähnchen, paniert 86
Baisers 121
Bahti Fisk 127
Bananen mit Schokoladen-
  soße (Mikrowelle) 140
Baseler Toast 133
Bayerischer Schlachttopf ... 40
Béchamelsoße 41
Beefsteak mit Zwiebeln 127
Birnentoast 131
Biskuitrolle 107
Biskuitteige 107
Biskuittortenboden 107
Blechkuchen mit Belag 116
Blitzbiskuit 108
Böhmische Semmelknödel . 60
Borschtsch 129
Brandteig 117
Bratapfel (Mikrowelle) 140
Bratkartoffeln 57
Brioches 128
Buntes Gemüse 133
Burgundersoße 42
Butterkrem 120

C
Cassoulet 126
Champignonsuppe, delikat . 38
Châteaubriands 94
Chicken 128

D
Dänische Leber 131
Dresdener
  Weihnachtsstollen 123

E
Eier in
  Krabben-Käse-Soße 131
Eierpfannkuchen 102
Eierstich 36
Einbrennsuppen 37
Eintopf, Grundrezept 39
Eisbein mit Sauerkraut 64
Eiweißgebäck 121
Ente mit Sauerkirschen 86
Entenbraten (BAK) 81
Entrecôte à la minute 95
Erbseneintopf 39
Esterházy-Schnitzel 82

F
Falscher Hase (BAK) 76
Falscher Wildschweinbraten
  (BAK) 75
Fasan mit Sahnesoße
  (BAK) 79
Feinschmecker-
  Leberspießchen 96
Festtagsnapfkuchen 111
Filetecken 95
Filet-Leckerbissen 95
Fisch
– blau 90
– gebacken 91
– gebraten 91
– gedünstet 89
Fischauflauf mit Tomaten .. 61
Fischfilet in Soße 132
Fischgulasch
  (Mikrowelle) 138
Fischröllchen, pikant 91
Fleischbrühe 34
Fleischklößchen
  in Currysoße 133
Fleischplatte, bunte
  (BAK) 78
Fleischtabelle 66
Fondue au fromage 125
Forelle, blau gedünstet 90
Forelle mit Mandeln
  (Mikrowelle) 138
Forel gratineret 126
Französischer Fischeintopf . 89
Frühlingsgrießnockerln 35
Frühlingssuppe 133

G

Gänsebraten (BAK) 81
Geflügel im Drehkorb 99
Geflügelrisotto 52
Gefüllter Fisch 127
Gemüse
– gekocht 47
– gedünstet 48
– in Soße 49
Gemüsebrühe 34
Gemüsesuppen,
  Grundrezept 37
Gemüsesuppe, schnelle 131
Grießauflauf 62
Grießflammeri 101
Grießklöße,
  süß oder salzig 60
Grünkohl (Braunkohl) 50
Grundsoße 41
Gulasch (BAK) 76

H

Hackbraten »Falscher Hase«
  (BAK) 76
Hasenkeulen (BAK) 77
Hefeklöße 60
Hefeteige 114
Hefezopf 116
Helgoländer
  Rotbarschschnitten 89
Himmel und Erde 57
Hirschbraten (BAK) 80
Hirschmedaillons 95

Holländische Soße 41
Holsteiner Schnitzel 83
Honigkuchen 123
Huhn, gefüllt 128

J

Jägersteaks 132
Jägertoast 97

K

Kabeljau, normannisch 91
Käsekremschnitten 97
Käsetoast (Mikrowelle) 136
Käsewürstchen
  (Mikrowelle) 136
Kalbsbraten mit Orangen .. 69
Kalbsbraten mit Pilzen
  (BAK) 74
Kalbsfrikassee 64
Kalbshaxe, gegrillt 99
Kalbshaxe (BAK) 74
Kalbsleber, gedünstet
  (Mikrowelle) 139
Kalbsmedaillons 95
Kalbsragout, pikant 39
Kapernsoße 42
Karamelflammeri 101
Karpfen, blau/gedünstet ... 90
Kartoffeln 57
Kartoffelklöße,
  Thüringer Art 59
Kartoffelknödel,
  rohe, bayerische 59

Kartoffelkremsuppe 38
Kasseler (Mikrowelle)..... 139
Kasseler Rollschinken 99
Katerspießchen 96
Kirsch-Quarkschnitten 113
Knochenbrühe 34
Königinpastete
  (Mikrowelle) 137
Kohlrollen Zigeunerart 50
Krabben-Toast
  (Mikrowelle) 136
Krümeltorte 113
Kümmelsoße 42

L

Labskaus 132
Lammkeule (BAK) 78
Leber, gebraten 84
– gegrillt 95
Leberkäse, pikant 97
Leber mit Apfel- oder
  Ananasscheiben 96
Leberreis 52
Leberspießchen, pikant 96
Leitao assado 130
Liebesknochen (Eclairs) ... 118
Linseneintopf 39

M

Makronen 121
Makronenschnitten 113
Markklößchen 35

Marmorkuchen 111
Meerrettichsoße 41
Mexikanische Tortillas 55
Minestrone 38
Mürbeteige 112
Mokkabutterkrem 120

N

Napfkuchen 111
Nieren, gegrillt 95
Nieren mit Pilzen 127
Nieren, sauer 84
Nierengericht 132
Njursauté 127
Nudeltopf 55
Nußsahnefüllung 120
Nußtaler oder -stangen ... 122

O

Ochsenschwanzsuppe 38

P

Paprikakoteletts 82
Paprikabraten, ungarisch .. 69
Pariser Schnitzel 83
Paprika, gefüllt
  (Mikrowelle) 139
Plätzchen, gefüllt 122
Porreetopf 40
Pot au feu 64
Poulet blanche (BAK) 79
Prager Schnitzel 83
Putenbraten (BAK) 81

Q

Quarkauflauf 62
Quarkblätterteig 119
Quarkölteig 119

R

Raisin cake 110
Rebhuhn, pikant 86
Rehrücken (Kuchen) 110
Rehrücken, mit Pfifferlingen
   (BAK) 80
Reis 52
Reisauflauf 53
Reisbrei 53
Reiskroketten 52
Reis mit Paprikaschoten ... 40
Rinderbraten 68
Roastbeef 68
Rollbraten 99
Rotbarschfilet
   (Mikrowelle) 138
Römisches Salbeischnitzel . 130
Rotkohl, russisch 50
Rouladen (BAK) 75
Rührteige 109

S

Sahnefüllungen 120
Sahnereistimbale 53
Sahneschnitzel 82
Saltimbocca Romana 130
Sandkuchen 109
Sauerbraten 65
Sauerbraten (BAK) 70
Semmelklößchen 36
Serbisches Reisfleisch 129
Sipulipihvi 127
Soßen, Grundrezept 41
Soßengemüse 49
Suppenbiskuit 35
Szegediner Gulasch 129

Sch

Schaschlik 96
Schinkenhörnchen 119
Schinken-Reisauflauf 61
Schleie, blau/gedünstet ... 90
Schmorbraten 65
Schnitzel, paniert 83
– cordon bleu 83
– im Teigmantel 83
Schokoladenbutterkrem ... 120
Schokoladenflammeri 101
Schokoladen-Kirschtorte .. 108
Schweinebraten
   Schweizer Art (BAK) ... 73
Schweinefleisch
   mit Sauerkraut 129
Schweineherzen, gefüllt
   (BAK) 77
Schweinemedaillons 95
Schweinenacken, gefüllt
   (BAK) 73
Schweinerollbraten 99
Schweinerollen, pikant ... 82
Schweinshaxe, gegrillt ... 99
Schweinshaxen (BAK) 72
Schweinskeule mit Schwarte
   (BAK) 72

Sp

Spätzleteig 55
Spaghetti, italienisch 55
Spanferkel, gefüllt 130
Spargelsuppe 131

St

Steak, bleu 94
– rare 94
– well done 94
Stollen, Dresdener 123

T

Tauben 99
Thunfisch-Tatar 133
Tomatensoße 42
Tomaten mit Schinkenfülle
   (Mikrowelle) 137
Tournedos 94
Trauben-Eier-Pizza 126
Tropfteig 36

V

Vanillebutterkrem 120
Vanilleflammeri 101
Vanille-Eis mit heißen Sauer-
   kirschen (Mikrowelle) .. 140

W

Weihnachtsgebäck 122
Weihnachtsstollen 123
Weinblätter, gefüllt 130
Wespennester 121
Wiener Beuscherl 125
Wiener Schnitzel 83
Wildschweinbraten,
   falscher (BAK) 75
Windbeutel 117
Windbeutelchen, pikant .. 118
Wurstnestchen, delikat ... 97

Z

Zitronensterne 122
Zwiebelsuppe
   (Mikrowelle) 137